中国商业银行的效率测度研究
——基于模型平均与银行风险的视角

THE STUDY ON MEASUREMENT OF
CHINESE COMMERCIAL BANKS' EFFICIENCY
FROM MODEL AVERAGING METHOD AND BANK RISK

邬 琼 ◎ 著

经济管理出版社
ECONOMY & MANAGEMENT PUBLISHING HOUSE

图书在版编目（CIP）数据

中国商业银行的效率测度研究——基于模型平均与银行风险的视角/邬琼著 .—北京：经济管理出版社，2018.3

ISBN 978-7-5096-5664-8

Ⅰ.①中… Ⅱ.①邬… Ⅲ.①商业银行—风险管理—研究—中国 Ⅳ.①F832.33

中国版本图书馆 CIP 数据核字（2018）第 027607 号

组稿编辑：胡　茜
责任编辑：许　艳
责任印制：黄章平
责任校对：王淑卿

出版发行：经济管理出版社
　　　　　（北京市海淀区北蜂窝 8 号中雅大厦 A 座 11 层　100038）
网　　址：www.E-mp.com.cn
电　　话：(010) 51915602
印　　刷：北京玺诚印务有限公司
经　　销：新华书店
开　　本：720mm×1000mm /16
印　　张：9.25
字　　数：176 千字
版　　次：2018 年 5 月第 1 版　2018 年 5 月第 1 次印刷
书　　号：ISBN 978-7-5096-5664-8
定　　价：49.00 元

·版权所有　翻印必究·

凡购本社图书，如有印装错误，由本社读者服务部负责调换。
联系地址：北京阜外月坛北小街 2 号
电话：(010) 68022974　　邮编：100836

前　言

对银行业效率的研究一直是国内外学者关注的重点，因为这一方面可以为各银行提供与其他银行进行比较的参考尺度，从而表明该银行在行业内所处的位置；另一方面可以为银行监管部门制定相关监管政策时提供科学的参考依据，同时还可以提高社会资金的使用效率，并在一定程度上降低社会融资成本。然而在对中国银行业效率进行研究时发现对效率测算方法的选择具有较高的不确定性，测算结果存在非一致性问题。而银行的运营过程一直被视为"黑箱"，由于单一模型对银行效率的测算仅从某一角度进行分析，不能全面反映银行效率的真实情况，即存在模型选择风险。

针对这一现象，首先，本书利用 Meta 回归分析法对非一致性的影响因素进行分析，通过对 83 篇成本效率文献、42 篇利润效率文献中相关指标进行收集和整理，本书实证结果发现中国银行业成本效率与利润效率的相关测算存在严重异质性问题，并对产生异质性的原因进行 Meta 回归分析，结果表明文献发表年份、文献所选的时间范围及银行个数、投入产出的个数、不同投入项与产出项的选取、文献种类均会导致成本效率的测算存在差异，估计方法的选择对成本效率测算差异的影响并不显著；而文献发表年份、文献所选的时间范围及银行个数、估计方法的选择、产出个数、不同投入项与产出项的选取、文献种类均会导致利润效率的测算存在差异，而投入项的差异对利润效率测算差异的影响不显著。

其次，在此基础上，本书进一步压缩研究范围并考察在其他条件不变的情况下，不同模型的选择是否会影响银行成本效率和利润效率的估计及排名结果。根据中国银行业的资产规模及数据可得性，本书选取 21 家银行进行分析，同时将样本时间范围限定为 2007~2015 年。通过对 SFA 方法中四种不同模型的估计结果进行比较分析，经 Friedman 检验发现不同种类模型的成本效率与利润效率的估计结果存在显著差异，Kendall 的 W 系数实证结果发现银行效率的排名存在一定程度上的变化，但是这种变化在统计上不显著。针对不同种类模型在银行效率测算结果方面的差异，本书借鉴模型平均方法的思想，提出将不同模型的估计结果进行加权平均来测算银行效率,与单一模型的估计结果相比,此方法可以降低模型选择的不确定性带来的风险,估计结果也更能反映银行效率的真实情况。

再次,由于银行的经营是效率与风险的统一,在对银行效率进行分析时不应仅考虑效率而忽视风险因素的影响。因此本书借鉴巴塞尔协议的相关内容对中国银行业的信用风险、市场风险和操作风险进行测算,并将这三种风险之和当作银行的坏产出项进行分析。实证结果表明,考虑银行风险的效率估计值与未考虑银行风险的效率估计值存在显著差异,对银行风险的考虑也会导致银行效率排名的变化,且这种变化在统计上显著。

最后,在同时考虑银行风险及模型选择风险的情形下,本书根据 σ 收敛和 β 收敛对中国银行业成本效率和利润效率的收敛性进行分析,研究结果发现,中国银行业的成本效率存在 σ 收敛,而利润效率并没有表现出 σ 收敛的特征,银行业的成本效率和利润效率均不存在 β 收敛,且高效率的银行依然保持着相对的高效率,而低效率的银行虽然存在着效率的改进,但其依然与高效率的银行存在差距并保持着相对低效率。

目 录

1 绪 论 ·· 1
  1.1 选题背景与意义 ·· 1
  1.2 研究内容、方法和框架 ·· 3
  1.3 可能存在的创新点 ·· 5

2 文献综述 ··· 6
  2.1 银行风险对效率的影响 ·· 6
  2.2 不同投入产出项的选取对效率的影响 ······················· 8
  2.3 银行管制与监管对效率的影响 ······························ 10
  2.4 异质性问题对效率的影响 ···································· 12
  2.5 假说检验 ·· 15
  2.6 外资银行进入对效率的影响 ································· 17
  2.7 银行兼并对效率的影响 ······································· 20
  2.8 产权结构对效率的影响 ······································· 22
  2.9 模型改进对效率的分析 ······································· 26
  2.10 其他因素对效率的影响 ······································ 27
  2.11 本章小结 ··· 33

3 中国银行业效率影响因素的 Meta 回归分析 ················ 34
  3.1 相关文献分析 ··· 35
  3.2 Meta 回归分析方法 ·· 38
  3.3 实证分析 ·· 39
  3.4 本章小结 ·· 46

4 银行效率估计的理论与方法 ···································· 47
  4.1 随机前沿方法 ··· 48

  4.2 面板随机前沿方法 ·· 53
  4.3 时变技术有效性模型的估计 ································ 58
  4.4 模型平均法及其权重估计 ·································· 61
  4.5 本章小结 ·· 65

5 银行风险与银行监管 ·· 67
  5.1 银行风险及其产生原因 ···································· 68
  5.2 《巴塞尔协议》的演变及评价 ································ 71
  5.3 中国银行业监管的发展 ···································· 76
  5.4 本章小结 ·· 80

6 中国银行业效率实证分析 ·· 82
  6.1 模型一致性检验 ·· 83
  6.2 银行风险测算 ·· 97
  6.3 中国银行业成本效率和利润效率收敛性分析 ················ 108
  6.4 本章小结 ··· 110

7 研究结论与展望 ·· 112
  7.1 主要研究结论 ··· 112
  7.2 研究展望 ··· 114

附录 A Meta 分析所用文献 ·· 115

附录 B 银行风险测算结果 ·· 122

参考文献 ·· 128

后 记 ·· 142

1 绪 论

1.1 选题背景与意义

中国银行业的发展离不开经济的发展，同时经济的发展又受到经济体制的制约，而经济体制的变化往往伴随着与之相适应的银行业发展形势。中国经济体制早先采取的是计划经济，与之相适应的是大一统的银行模式，中央银行既行使货币政策的职能，又办理信贷储蓄业务。此后，为了解放生产力、发展生产力，中国经济体制逐渐由计划经济向市场经济转变，大一统的银行模式已不能适应生产力的发展，中央银行逐渐从传统业务中分离出来并独立履行中央职能，相关的金融体制改革也在不断完善，大一统的格局逐渐向多元化金融体系转变，其中包括政策性银行、大型商业银行、股份制银行、城市商业银行、农村商业银行、农村合作银行等形式，银行数量日益增加。

中国在世界的经济地位逐渐增强，并于 2001 年加入世界贸易组织（WTO）并承诺于 2006 年底对外开放银行业务，此举导致大量外资银行与战略投资者进入。同时，全球经济一体化程度加深，金融自由化影响不断扩大以及金融产品创新速度逐步增加，这势必导致中国银行业的竞争变得比以往更加激烈与复杂，银行既面临国内银行间的相互竞争，又面临国际银行在国内拓展业务的压力。长期来看，在如此激烈的竞争环境中遵循着优胜劣汰的规则，效率低下的银行有可能破产或者被兼并，因此银行如果想生存下去，唯有不断提高效率，增加自身对成本的控制能力并逐步提高盈利能力，也只有这样才能不断缩小自身与行业内领先者的差距。同时，银行在经济体系中占据着重要地位，能够起到引导社会资金流向、提高社会资金使用效率的作用，且银行效率的提高会降低经济体系的融资成本并促进经济健康稳定的发展，因此对银行业效率的研究就显得格外重要，这可以为各个银行提供与其他银行比较的参考标准，从而表明各银行在该行业中所处的位置。对于效率低下的银行，研究时应进一步探寻其效率低下的具体原因，以及如何通过对资源的优化配置及管理体系的改善来缩小其与其他银行之间的差距；对于效率较高的银行，研究时应总结相关经验，并探寻如何使其保持高效率的经营状态。基于对银行效率的研究还可以把握银行业整体的经营管理现状及存在的问题，如银行对成本的控制能力以及盈利能力等问题，从而进一步为中国银监会制定相关监管政策提供科学的参考依据。

然而，由美国次贷危机引起的全球金融危机使国际银行间的竞争产生了一定程度的变化。一方面，此次危机导致一些银行元气大伤甚至破产，如雷曼兄弟、美联银行和华盛顿互惠银行等，但是对中国银行业的影响相对较小，中国各银行的资产规模也在不断扩大。英国《银行家》在 2017 年公布的最新数据显示，在世界前 1000 家银行中，资产规模排名第一的为中国工商银行，而中国建设银行、中国银行、中国农业银行及交通银行的资产规模分别排在第 2、4、6、11 位，在全球排名前 100 位的银行中中国的银行占据了 17 个席位。另一方面，此次危机也反映了银行在追求高效率的同时不能忽略银行风险对其造成的影响，如果银行仅顾眼前的利益而忽略了风险并进行盲目的规模扩张，那么短期来看其效率可能存在暂时提高的现象，然而随着风险因素在银行体系内不断积累，风险爆发的可能性逐渐增加，当风险积累达到其临界点时银行不得不增加相关要素的投入以避免风险的爆发或者减少风险爆发后为其带来的损失，因此银行效率面临降低的可能，风险严重时甚至会导致银行破产或被兼并。针对银行所面临的风险，巴塞尔委员会对原有的巴塞尔协议进行修改并建议各个银行按照新协议的相关内容对银行风险进行监控。新版本的巴塞尔协议依然将资本充足率的监管指标设定为 8%，但是扩大了风险的覆盖范围，相对提高了资本要求，同时增加了杠杆率和流动性指标对银行进行监管。

虽然中国银行业受此次金融危机的影响相对较小且能够达到资本充足率监管的最低要求（截止到 2017 年第一季度，中国银行业的资本充足率为 13.26%），但是由于国内产业经济结构的调整、房地产行业的慢慢降温以及地方债务危机的不断积累，银行业所面临的风险形势依然不容乐观。中国银监会公布的数据显示，近期中国银行业的不良贷款余额和不良贷款率呈现双升的趋势，不良贷款余额由 2012 年第一季度的 4382 亿元上升到 2017 年第一季度的 15795 亿元，增幅高达 260%，不良贷款率也由 2012 年第一季度的 0.94% 上升到 2017 年第一季度的 1.74%，其中国内农村商业银行具有最高的不良贷款率，为 2.55%，股份制商业银行次之，不良贷款率为 1.74%，而外资银行的不良贷款率最低，为

0.89%。银行业的经营归根结底是效率与风险之间的平衡,银行高效率的背后可能隐藏着更高的银行风险,因此在对中国银行业效率进行研究时不应忽略银行风险对其造成的影响,基于银行风险的研究能够反映银行效率的真实情况,从而更具有实际意义。

1.2 研究内容、方法和框架

虽然进行银行效率研究时不应忽略风险,但是银行的真实效率到底是多少?为什么存在诸多模型可以对同一问题进行分析?在诸多模型中究竟哪一模型才能反映银行效率的真实情况?银行的运营过程一直被当作"黑箱",对银行效率的研究就好比盲人摸象,每个模型对银行效率的研究都仅从某一角度进行分析,因而所得结果不能反映银行效率的真实情况,且估计结果往往存在非一致性。基于上述观点,本书首先以 Meta 回归分析法对银行效率估计结果非一致性的产生原因进行分析,在此基础上进一步缩小研究范围,通过限定其他条件不变来研究选择模型的不同是否会产生效率估计结果的非一致性且这种非一致性是否会影响效率排名结果,并利用模型平均法的思想对银行效率研究进行改进。随后,将风险因素纳入上述讨论范围中并在此基础上检验银行效率的收敛性问题,从而得出结论。

本书利用定性分析与定量分析、静态分析与动态分析相结合的方法对银行效率进行研究,其中,对估计结果非一致性的初探用到 Meta 回归分析方法,而不同模型的选择均来自随机前沿模型(SFA),随后利用 Friedman 检验对估计结果差异进行分析,并利用 Kendall 的 W 系数对效率排名情况进行检验,同时借鉴巴塞尔协议的相关内容对银行风险进行估计,其中利用 VaR 模型测算市场风险,利用基本指标法测算操作风险,并将测算风险总和加入相关模型中分析,最后通过 σ 收敛和 β 收敛对银行效率收敛性问题进行分析。

本书具体结构如下:

第 1 部分为绪论,主要介绍本书的选题背景和意义、研究内容和可能存在的创新点以及本书的结构框架。

第 2 部分为文献综述,较为全面地对银行效率相关文献进行收集和整理,并对相关文献的研究方向进行分类,其中包括银行效率的影响因素分析等,在此基础上把握现有文献的最新进展,从而提出本书研究的方向及内容。

第 3 部分为中国银行业效率影响因素的 Meta 回归分析,通过对估计结果异质性的产生原因进行总结,并对测算结果的异质性进行检验,随后提取有关中国银行业成本效率研究的 83 篇文献、利润效率研究的 42 篇文献中的相关指标,其中包括模型估计方法、效率的不同定义、投入产出项的选取、样本时间范围、投入产出项个数、文献种类、文献发表年份等因素,利用 Meta 回归分析方法对估计结果非一致性的原因进行初步研究,并在此基础上进一步缩小研究范围,从而为下文做好铺垫。

第 4 部分为银行效率估计的理论与方法,同时也是本书进行模型比较的基础部分。该部分在第三章的基础上进一步限定其他条件不变,在此基础上研究不同模型的选择是否会对银行效率测量结果产生影响。在比较 SFA 方法和数据包络分析方法(DEA)优劣的基础上,最终选用 SFA 方法进行模型间的比较分析。首先以横截面数据为基础,分析不同分布假设对效率估计结果的影响。其次对假定进行放松并研究面板数据下效率的估计问题,其中面板数据模型中又可将无效率项分为时变无效率与非时变无效率,而不同模型的差异一方面来源于对模型设定的些许不同,如对时变无效率项的不同设定,另一方面来源于模型估计方法的不同,估计方法主要集中于极大似然法、GLS 方法和 OLS 方法及其改进,其中固定效应模型对应 OLS 方法,而 GLS 方法与极大似然法多用于估计随机效应模型。最后在探讨单一模型的基础上,进一步介绍了模型平均法的思想及其权重估计方法,与单一模型相比,模型平均法能够减少模型不确定性所带来的风险,因此所得银行效率测算结果更具合理性。

第 5 部分为银行风险与银行监管,首先论述什么是银行风险,银行风险产生的原因有哪些以及银行风险的特征是什么。其次在把握银行风险性质的基础上论述如何对银行风险进行监控,对银行风险的监控主要采用巴塞尔协议的相关指标,因此对不同版本的巴塞尔协议进行简要介绍和评价。最后结合中国的实际情况介绍中国银行业监管的三个阶段。该部分的介绍也为下文所选择的风险因素做了铺垫。

第 6 部分为中国银行业效率实证分析,首先将效率界定为成本效率与利润效率,在此基础上介绍了样本选取范围及选取对象、投入产出变量的选择。其次挑选 2 个固定效应模型和 2 个随机效应模型进行比较分析,并利用 Friedman 检验对模型估计结果的非一致性进行分析,利用 Kendall 的 W 系数对银行效率排名是否具有一致性进行检验,在检验结果的基础上借鉴模型平均法的思想提出银行效率估计方法。该章还根据巴塞尔协议相关内容对银行风险进行估计,并将银行风险当作坏产出项对银行效率进行分析，随后根据相关统计检验分析考虑银行风险与不考虑银行风险对银行效率估计及效率排名情况的影响。最后利用 σ 收敛和 β 收敛对银行效率是否存在收敛性进行检验。

第 7 部分为研究结论与展望。

1.3 可能存在的创新点

对银行效率问题的研究一直是学术界关注的焦点，该领域内存在大量的研究文献，与现有文献相比，本书可能存在如下创新点：

（1）通过对相关文献的收集和整理，首次利用 Meta 回归分析法对银行效率估计结果的异质性问题进行分析，从而在一定程度上能够避免文献遗漏导致的银行效率影响因素研究的片面性问题。

（2）本书在限定样本时间范围和投入产出变量的条件下，首次对 SFA 模型中的四种模型估计结果进行非一致性检验，并进一步检验这四种模型是否会影响银行效率的排名情况。在此基础之上，首次借鉴模型平均法（Model Averaging Method）的思想，通过对这四种模型进行加权平均的方法来估计银行效率和排名情况。

（3）通过借鉴巴塞尔协议中的相关内容对银行的信用风险、市场风险和操作风险进行测量，并首次将这三种风险之和当作银行的产出项引进 SFA 模型中对银行成本效率和利润效率的估计，在此基础上进一步分析比较考虑银行风险和未考虑银行风险的效率估计及排名情况。

（4）首次在模型平均法的思想下以及测算银行效率的基础上，利用 σ 收敛和 β 收敛对银行效率的收敛性进行分析，从而判断中国银行业是否存在"马太效应"。

2 文献综述

对银行业效率的研究一直是国内外学者关注的重点，通过对相关文献的收集和整理，我们发现银行业效率相关研究的范围广而繁杂，且研究结果也呈多样性，于是本书对相关文献的研究方向进行简单归纳。通过对相关文献的梳理，把握现有文献对银行效率研究的最新进展，并进一步提出本书的研究方向。

2.1 银行风险对效率的影响

这一方面的研究主要包括银行风险与银行效率之间的关系是怎样的，在测算银行效率时是否考虑银行风险问题，如果考虑银行风险问题，那么应该将银行风险作为投入项、产出项还是产出的调整项进行分析？如 Mester（1996）在利用随机成本前沿方法对第三联储地区银行的效率进行分析时考虑到了银行产出的质量和银行风险问题，并进一步将银行产出质量和银行风险分别刻画为平均不良贷款量和平均权益资本，实证结果表明样本范围内的银行存在着规模报酬不变，银行平均的 X 无效率项为 6%～9%，即如果银行尽可能有效地使用了其投入要素，那么其成本将会下降 6%～9%，且银行的历史悠久度、是否为联储成员、是州政府特许还是联邦特许、资本充足率、建筑及土地开发贷款比率和个人贷款比率等因素会影响银行的效率。

Berger 和 DeYoung（1997）对贷款质量及成本效率之间的关系进行分析，格兰杰因果关系检验的结果表明贷款质量和成本效率存在双向的格兰杰因果关系，即较高的不良贷款是银行成本效率下降的格兰杰原因，而较低的成本效率是不良贷款增加的格兰杰原因。

银行对于风险的控制成本可能很大，如高风险的银行在保持同样产出量的同时需要更多的资本和劳动投入，因而银行风险会对银行运营效率产生负面影响；另外，承担高风险的银行可能得到更高的回报，因此银行风险又会对银行运营效率产生正面影响。Kwan 和 Eisenbeis（1997）考虑了银行所面临的三个风险（信用风险、利率风险和财务杠杆风险）对银行运营效率的影响，1986~1995 年美联储的数据实证结果发现，具有更多资本的银行其运营效率更高，信用风险和利率风险的增加将导致银行运营效率的降低，且银行运营效率与贷款增长率之间存在"U"型关系，即随着贷款增长率的不断提升，运营效率的改善速度会递减。

Sun 和 Chang（2011）考虑到信用风险、操作风险和市场风险对亚洲新兴国家银行业效率的影响，异方差随机前沿模型的实证结果表明贷款损失准备金率和资产收益波动对成本无效率的均值和方差有正影响。

Zago 和 Dongili（2011）将产出项进一步划分为包含不良贷款的产出项和不包含不良贷款的产出项，以此来刻画信贷质量对银行效率的影响，通过 DEA 方法对 1993~2004 年意大利银行业效率进行实证分析，结果表明，无论是增值法还是中介法，考虑到不良贷款的产出项的银行效率较没有考虑不良贷款产出项的银行效率要显著提高。因此，如果在对银行效率进行分析时不考虑信贷质量的影响，那么具有良好信贷质量的银行的效率表现往往会被低估。

Chen（2012）将银行所面临的风险内生化并根据巴塞尔协议的内容构造了一个投入风险指数，对 1999~2007 年中国台湾银行业的实证分析表明，公有银行和私有银行在短期内面临不同的技术前沿，考虑到风险投入后银行具有更好的前沿，而不考虑风险投入会导致对规模经济过高的估计，同时会导致私有银行比公有银行具有更高的效率，而考虑到风险因素后这种差距会明显的缩小，且在对银行进行全要素生产率测算时如果忽略风险因素，则会导致对技术前沿的有偏估计。

迟国泰、芦丹和孙秀峰（2005）分析了 1998~2003 年我国 14 家商业银行的成本效率，SFA 方法的实证结果发现，如果不考虑产出质量，那么我国银行业的成本效率会被高估，且不考虑产出质量时，我国国有银行的成本效率要高于股份制银行，而当考虑到产出质量时此情况正好相反，即股份制银行具有较高的成本效率。

王聪和邹朋飞（2006）分析了资本结构和风险对银行效率的影响，利用 SFA 模型对我国 1996~2003 年 15 家商业银行进行实证分析，结果发现，考虑到资本结构和风险的模型所得效率值要高于不考虑资本结构和风险的模型所得效率值。

邱兆祥和张磊（2007）利用 SFA 方法将风险因素融入利润效率函数，并以此方法分析了 1996~2004 年我国 14 家商业银行的利润效率，研究发现我国商业银行的利润与风险具有反向的变动关系。

杨鹏鹏、袁治平和倪海江（2008）对我国银行业不良贷款和银行效率之间的关系进行了实证分析，格兰杰因果检验结果表明不良贷款的存在会降低银行业的效率，同时银行业效率的低下反过来又会增加银行业的不良贷款。

唐壮志（2009）利用因子分析法分别从投入要素和产出要素中提取出主要因子，并将风险因素纳入 DEA 模型对 2006 年我国商业银行的效率进行测算，研究发现一些银行通过提高自身的风险性来提高其相应的效率。

王兵和朱宁（2011）在不良贷款的约束下对我国 2003～2009 年 11 家上市银行的效率进行测算，SBM 方法的实证结果表明非利息收入和不良贷款是影响银行无效率的主要来源。

张进铭、廖鹏和谢娟娟（2012）将不良贷款视为"坏"产出后利用 DEA 方法对 2005～2010 年我国 11 家商业银行的效率进行测度，研究发现在规模报酬不变的假设下，考虑到贷款质量的银行效率要高于不考虑贷款质量的银行效率。

在引入不良贷款后，徐辉、李健和钟惠波（2012）利用 SFA 法对 1999～2010 年我国 14 家商业银行的效率进行测度，实证结果发现不良贷款对成本效率具有影响显著，引入不良贷款会导致银行业成本效率的提高，其作用在国有银行内更为明显，而在进行利润效率测算时并没有发现不良贷款对利润效率具有显著的影响。

Tan 和 Floros（2013）分析了 2003～2009 年中国银行业的效率，研究发现银行风险与技术效率之间存在显著的正相关关系，此结果可归结为银行为了在一定产出目标下最小化其投入，会减少对贷款的监管和审查，这又进一步增加了贷款量，从而导致银行技术效率的提升。

谭政勋和庹明轩（2016）利用松弛变量的 SBM 模型对 1994～2014 年我国 25 家商业银行的效率进行分析，研究结果表明贷款质量对银行效率测算有较大的影响，当不考虑不良贷款时会显著地高估银行效率。

2.2 不同投入产出项的选取对效率的影响

按照不同投入产出项的选取可将其划分为"生产法""中介法""资产法""用户成本法""增值法"以及在此基础之上的相关变形。不同投入产出项的选取对银行效率的测算存在不同程度的影响。如 Rogers（1998）认为，随着越来越多银行新业务的增加，非传统业务在收入中所占的比重也越来越大，如果在产出项中忽略非传统业务，则所估计的成本效率将是有偏的，在对1991～1995年美国商业银行的效率研究中发现，将非传统业务纳入产出项后，银行的成本效率和利润效率均有显著提升，且银行效率排名也会发生变化，因此在对银行效率进行测算时产出项中应包含非传统业务项。

Tortosa-Ausina（2003）认为放松金融管制并没有导致银行效率提高，其中一个原因是产出项中并没有包含非传统业务，其在对西班牙银行业的效率研究中发现，包含非传统业务和不包含非传统业务的模型在成本效率测量方面确实有差异，且这种差异在1992～1997年尤为明显。而Pasiouras（2008）对2000～2004年希腊银行业效率进行分析时发现，产出项中包含表外业务时并不会对银行效率产生影响。

Drake、Hall和Simper（2009）针对中介法、利润法和生产法这三种不同的选择方法对银行效率测算产生的差异进行研究，并对1995～2002年日本银行业数据进行实证分析，SBM（DEA）方法的结果表明三种不同选择方法对银行效率测量结果确实存在较大差异，其中中介法对银行效率的测量具有最高的效率得分，而生产法则具有较低的效率得分，当考虑到不同时间段、不同部门时，中介法所得测量结果的波动性较小，且在样本末期三种方法对银行效率的测量结果存在着收敛的趋势。

Lozano-Vivas和Pasiouras（2010）通过分析1999～2006年87个国家银行业的数据发现，当把表外业务或者非利息收入作为额外的产出时银行业的平均成本效率会提升，当考虑到利润效率时，表外业务对其没有显著的影响，而非利息收入会提高银行业的利润效率，在方程中加入非传统业务并不会改变环境因素对成本效率和利润效率的影响方向。

Holod和Lewis（2011）认为在对银行效率进行分析时需确定相关的投入项和产出项，其中用到最多的方法为生产法和中介法，两者之间的区别在于将储蓄归为投入项还是产出项，产出法将储蓄作为产出项进行分析，而中介法将储蓄作为投入项进行分析，当用不同的方法进行分析时所得的结果也不同，因此会存在"储蓄困境"问题，Holod和Lewis对传统的DEA模型进行扩展，强调储蓄在银行生产过程中的双重作用，即将储蓄作为银行第一生产阶段的产出项进行考虑，在第二生产阶段将储蓄作为投入项进行分析，此方法避免了"储蓄困境"问题，并认为此方法在对银行效率进行分析时更具一致性。

程茂勇（2015）在分析非利息业务与银行效率的关系时认为，是否将非利息业务纳入银行效率的测算会对估计结果产生明显的影响，即不考虑非利息业务将低估银行效率,而且非利息业务的发展并没有带来银行效率的提升,反而降低了银行效率。

2.3 银行管制与监管对效率的影响

大部分国家均经历了放松银行管制的阶段,随着对银行管制的放松,银行业的活力得到增强,这也在一定程度上提高了银行效率,然而对银行管制的放松会增加银行面临的风险,从而导致危机的发生,因此需要对银行业进行严格监管,特别是在金融危机过后,对银行监管方面的研究又激起了学者很大的兴趣。大部分学者认为当银行处于较大的风险暴露时,监管要求会迫使银行减持高风险资产或增强风险覆盖能力,这有助于促进经营效率的大幅提升。而当银行风险控制能力提升至一定程度后,较高的监管要求则可能导致资产配置扭曲或管理成本加速上升,从而导致经营效率放缓,甚至会造成效率损失。

1997年美国实施的里戈尔—尼尔法案允许商业银行进行跨州经营,从而结束了半个世纪以来联邦对银行间竞争的限制。反对此法案的人认为小型当地银行会在面临外来大型银行的竞争时处于劣势,并认为可用的金融服务越来越少并且成本会越来越高,此外大型外来银行会将当地金融资本抽离。而此法案的支持者则认为此法案可以加强银行间的竞争并提升银行效率。针对此问题,DeYoung、Hasan 和 Kirchhoff(1998)针对里戈尔—尼尔法案的颁布对美国商业银行效率的影响进行分析,研究发现外来银行的进入会导致当地银行成本无效率的增加,但随着时间的推移,由于面临竞争程度的增加,这种成本无效率会以每年3%的速度递减。

Schure、Wagenvoort 和 O'Brien(2004)利用后尾前沿方法(TFA)对1993~1997年欧盟银行业的效率进行研究,实证结果表明由于受到更严格的监管及更激烈的市场竞争,大型商业银行的成本效率要高于小型商业银行,而此现象并没有在储蓄银行中出现,当选择最优规模进行经营时,储蓄银行的成本会降低3%,研究还发现由于金融管制的放松,在样本期内储蓄银行和商业银行的成本以每年5%的速度递减。

Patti 和 Hardy(2005)在研究1981~2002年巴基斯坦金融市场的放松管制及自由化对银行业效率的影响时发现,在进行第一轮金融市场改革时放松管制及自由化确实给银行业带来了正面影响,主要体现在利润生产率的提高大于改革所带来的环境变动对银行利润的影响,而随后经营环境的恶化导致银行业利润下降。

Das 和 Ghosh（2009）分析了放松金融管制对印度商业银行效率的影响，研究发现，金融部门的改革确实改善了银行的表现行为，银行具有较高的成本效率，但利润效率仍然处于较低的水平。

Pasiouras、Tanna 和 Zopounidis（2009）在研究 2000～2004 年银行监管对 74 个国家银行业成本效率和利润效率的影响时发现，政府监管力度的增加及对市场约束的加强均会提高成本效率和利润效率，资本金要求对成本效率具有正影响，对利润效率具有负影响，而对银行业务的限制对成本效率具有负影响，对利润效率具有正影响。

在众多的金融文献中都指出银行监管可以通过减少金融市场的信息不对称问题来创造价值，并且认为银行如果在监管方面投入更多的资源，则会有更好的财物绩效，即银行监管所带来的好处要高于监管成本。因此，考虑到监管对银行行为的影响，Akhigbe 和 McNulty（2011）基于监管过程中劳动力投入的角度，通过估计固定效应回归方程的系数来求出银行监管变量的一个代理变量，并进一步考虑此银行监管变量和银行效率之间的关系，研究发现银行监管对银行利润效率有显著的正效应，且这种影响在中等资产规模以上的银行中较为明显。

银行规则虽然能够在一定程度上反映银行监管的一些指标，但是其存在不精确性，如资本充足率规则要求银行应该按规定持有一定的资本量，然而如果此规则并不能真实地反映银行所面临的风险，则会导致银行对资本的持有不是太多就是太少，持有太少的资本会增加银行倒闭的风险，而持有太多的资本则会导致银行面临不必要的成本。Chortareas、Girardone 和 Ventouri（2012）通过构建规则和监管变量对 2000～2008 年欧洲地区银行业的效率进行分析，研究结果发现加强机构监管会提高银行的运营效率，而限制银行进行证券方面的活动会导致银行效率下降，对私人部门的监管会阻碍银行效率的提高，且拥有较高资本比率的银行的效率较高。

Barth 等（2013）在对 1999～2007 年 72 个国家的银行业效率进行分析时发现，如果对银行活动限制过严，则会降低银行的效率，而对资本的严格监管会导致更高的效率，银行监管的经验也会对银行效率产生正向作用，加强监管权力并不会导致更高的银行效率，而监管部门越独立越会增强银行效率。此外，财务方面的透明性会导致银行效率的提高。

Gaganis 和 Pasiouras（2013）研究了金融监管机制对银行业效率的影响，考虑了银行及不同国家的特性后，对 2000～2006 年近 80 个国家的商业银行数据进行分析，结果表明如果中央银行对金融机构监管的个数越来越多，则银行效率会越来越低，而监管部门越统一，则银行利润效率越低。此外，中央银行的独立性也会降低银行的利润效率。

Chortareas、Girardone 和 Ventouri（2013）对经济自由指数，特别是金融自由与银行效率之间的关系进行分析，研究发现在控制银行特征、国家的治理指标和时间虚拟变量后，金融自由和银行效率间有很强的相关关系，且经济体的金融自由度越高，银行的总效率越好，拥有更多的政治自由的国家在这方面表现得尤为明显，因此如果政府过多地干预金融机构的活动，则会导致银行运营效率的恶化。

Lee 和 Chih（2013）分析了金融监管对中国商业银行业利润效率和风险的影响，利用 DEA 方法对 2004~2011 年的数据进行实证分析得出，对于规模较大的银行而言，拨备覆盖率的提高能够减少大银行面临的风险，高成本收入比率会导致较低的利润效率和较高的银行风险，而拨备覆盖率及成本收入比率不会影响小银行的风险；对于规模较小的银行而言，高资本充足率及杠杆比率会导致较高的利润效率和较低的风险，贷款储蓄比率的比例提高会增加银行风险并伴随更低的效率，而资本充足率、杠杆比率和贷款储蓄比率并不影响大银行的风险。

魏琪等（2014）在分析银行监管对银行效率的影响时发现，资本充足性、流动性和贷款损失准备等监管指标对银行效率存在边际性影响，当监管使银行的资产配置超过风险控制的潜在收益时，如果进一步提高监管要求则不利于银行效率的提升，甚至会导致银行效率的下降。

谭政勋和庹明轩（2016）发现我国银行业的资本充足率和银行效率之间存在倒"U"型关系，即当资本充足率较低时，银行效率会随着资本充足率的上升而增加，但当资本充足率达到一定程度时，银行效率会随着资本充足率的增加而降低。

邵汉华（2016）认为，有着更为严格的资本监管要求以及政府监管权力提升的国家，其银行业具有更好的资源配置能力，因而具有更高的经营效率。而对银行经营活动约束较多、具有更严格的信息披露机制的国家，其银行业效率的提高往往会受到抑制。

2.4 异质性问题对效率的影响

对银行业效率进行分析时，大多数文献假定银行面临相同的生产可能性边界，然而银行所处的环境和技术程度存在一定的差异性，这种异质性的存在会导致生产可能性边界的不同，因此不考虑这种异质性问题将导致估计结果的有偏性，特别是在比较不同国家间银行业效率的差异时这种情况最为严重。虽然有学者将国家的特点加入前沿生产函数中考虑，但此方法仅会对模型的截距项产生影响，而斜率参数依然受到技术进步及规模经济的限制而保持不变，且这一种方法并没有考虑银行在相同国家内采取不同的经济模式所带来的差异。另一种考虑技术差异的方法是事先将样本根据银行结构或地理位置进行分类，从而减少技术差异，但此方法具有较强的随意性。

Evanoff 和 Israilevich（1991）认为，由于美国各州的监管不同且不同的州具有不同的生产技术，在对银行的效率进行分析时不应忽略这些区域间的差异，对美国大型商业银行的实证分析结果表明区域因素的差异确实会影响银行的表现行为，如位于中西部地区的银行由于面临较严格的监管，其成本效率较其他地区的银行要低，而由于具有较高的技术，其又会具有较高的效率。

Mester（1997）在对美国银行业的效率进行分析时发现，银行在第三区的效率要高于其他美联储地区，且单一成本模型的效率估计结果要低于分别对各地区进行单独估计的成本模型，并认为银行的异质性在银行效率分析中非常重要，如果忽略了银行异质性的存在，则银行效率的估计结果将是有偏的。

Dietsch 和 Lozano-Vivas（2000）在对法国及西班牙银行业的效率进行比较时发现，如果忽略环境变量的影响，则西班牙银行业的成本效率要远远低于法国银行业的成本效率，而当考虑到环境变量时，两者之间的差异会显著缩小，特殊的环境及管制条件导致西班牙银行业比法国银行业有更高的成本。因此在估计银行业的效率时如果忽略环境变量的影响，则会导致前沿函数的错误设定及对无效率的过高估计。

Lozano-Vivas、Pastor J. T. 和 Pastor J. M.（2002）在对国际间银行效率进行比较时发现，大多数研究并没有考虑到管理、经济和地理条件在不同国家的差异性，因此使用传统的 DEA 模型得到的测量结果会有一定的偏误。使用宏观经济条件、管理条件和银行服务的可获得性刻画不同国家的环境变量，并对欧洲 10 个国家银行效率实证进行分析发现，考虑到环境因素的 DEA 模型所测量的效率得分会明显高于传统的 DEA 模型，环境相对较差的国家的银行平均效率得分会有较大的提升，因此国家的具体环境条件是效率得分差异的主要来源，其对国家银行业的表现行为有很强的影响。

由于奥地利银行大多数为地区性银行及本地银行，只有少数银行提供的服务为国家层面或国际层面的,因此这些地区性银行与国家层面的银行面临不同的运营环境,而如果不考虑到环境对银行业效率分析的影响,那么将会产生测量偏差,Hahn(2007)基于此观点利用 DEA 方法对 1995~2002 年银行业的效率进行实证分析,研究发现当考虑环境因素的影响时银行业的平均效率存在显著的提升。

迟国泰、芦丹和孙秀峰(2007)认为地域性的差异会影响银行的效率,通过选取与银行产出高度相关的 8 个城市经济指标来构造城市差异系数,并利用所构造的城市差异系数对银行产出进行调整,DEA 方法的实证结果表明经产出调整的模型与未经产出调整的模型对银行效率的排序有明显的差异,因此佐证了银行效率受地区差异的影响。

Bos 等(2009)将银行的种类、银行所处地区及银行规模作为银行异质性的刻画,以此来分析银行异质性对银行效率的影响,并分析了银行异质性在模型中不同的位置,如异质性可能出现在无效率项均值中、前沿边界中,抑或是既出现在无效率均值中又出现在前沿边界中,对德国 1993~2005 年储蓄银行及合作银行的实证分析表明,银行异质性对成本前沿函数和利润前沿函数的估计有显著的影响,且前沿模型对异质性所处的位置非常敏感。因此在对银行效率进行分析时不应忽略银行异质性对银行效率的影响。

Poghosyan 和 Kumbhakar(2010)建立了一个潜在分类随机前沿模型(LCSFM)对异质性问题进行修正,环境因子既影响截距项又影响斜率参数,且不需要事先对银行进行分类。对 20 个前社会主义国家银行业效率的实证分析表明,单一前沿方法对无效率的估计具有向上的偏差,越稳定的经济环境会产生越高的效率,外资银行仅在高风险且不发达的国家表现出高效率,而在银行业集中度越高的国家其表现越差,且采用 EU 标准的国家其银行效率会有明显的改善。

Feng 和 Zhang(2012)在对 1997~2006 年美国大型银行和社区银行的效率进行比较时发现,如果不考虑异质性问题,则会导致对银行排名及技术效率的错误估计,相较于社区银行,大型银行具有更高的生产增长率和更高的规模报酬水平。

众多金融文献表明一个发展良好的法律系统会增强金融合约的执行,而且银行是一个国家金融体系的中心且其运营及表现对合约的执行有很强的依赖性,因此法律环境会对银行产生显著影响。基于上述观点,Zhang、Wang 和 Qu(2012)通过构造三个法律执行变量(即法律环境、法律体系的有效性和对知识产权的保护)来分析其对银行效率的影响,对 1999~2008 年城市商业银行的实证分析表明三个法律执行变量对银行技术效率均有显著的负影响,即好的法律环境会提高银行的效率。

在用各个国家的前沿函数对不同国家的效率差异进行分析时发现,因为各个国家的前沿函数不同,所以不能得出一个国家的银行比另一个国家的银行更有效,考虑到此问题,Huang 和 Fu(2013)利用 metafrontier 方法对 2005~2009 年中国台湾和中国大陆银行业的效率进行测算,研究发现中国大陆银行业的成本效率要高于中国台湾银行业,但中国台湾银行业的成本缺口比率比中国大陆要高,规模经济的测算发现中国台湾大多数银行可通过扩大银行规模来降低成本,而中国大陆银行业则应减小银行规模来提高成本效率,且金融市场结构、体制及监管制度以及政府治理均会影响成本缺口。

Tabak、Miranda 和 Fazio(2013)将地理距离作为外部环境因素的一个刻画,在利用随机前沿模型对 2001~2009 年美国储蓄银行的效率进行分析时,使用地理距离对模型进行加权并将加权后的模型与固定效应模型进行比较,研究发现加权后的模型测算的银行的技术效率比固定效应模型要高,地理因素对效率估计起着重要的作用。

Feng 和 Zhang(2014)在分析美国大型银行的规模报酬时也发现,美国大型银行间存在技术异质性问题,如不考虑异质性问题将导致对银行排名及规模报酬的错误估计。

2.5 假说检验

对假说的检验多集中于市场结构与银行效率之间的关系,其中包括"结构—行为—绩效假说""相对市场力量假说""有效结构假说""安逸生活假说"等,它们之间的区别在于到底是市场结构导致了效率还是效率导致了市场结构的问题,如"安逸生活假说"认为对市场份额占有度较高的银行会导致市场过度集中并降低市场的竞争强度,容易形成垄断的市场力量,从而导致垄断利润的产生,银行会安于现状并享受现阶段的"安逸生活",导致效率的下降,因此市场集中度和效率之间存在负相关关系。而"有效结构假说"则认为高效率的银行会因其较低的经营成本或较高的盈利能力逐渐获得市场的较大份额,并导致市场越来越集中,因此是效率导致了市场结构,即银行效率与市场结构存在正相关关系。理论界对相关假说的检验并没有统一的意见,如 Delis 和 Tsionas(2009)对欧洲银行业和美国银行业进行分析时发现,市场力量和银行业的效率之间存在显著的负相关关系,此结论支持 Hicks 的"安逸生活假说",但是他们认为最有效的银行的市场支配力高于同业的平均水平,这又与"有效结构假说"相一致。

随着市场集中度的增加,银行业的市场力量变得越来越强,从而可将价格定在边际成本之上,这会导致银行没有动力去实现自身的最优化问题,降低银行业的效率。Williams(2012)利用 1985~2010 年拉丁美洲商业银行的数据对"安逸生活假说"进行检验,即检验市场力量对银行效率的影响,并将勒纳指数和经效率修正的勒纳指数作为市场力量的代理变量,实证结果表明应拒绝"安逸生活假说"并支持"有效结构假说",即认为市场力量的增强可增加银行业的效率。

Andrieş 和 Căpraru(2012)将 H 统计量作为刻画竞争强度的代理变量并分析了此变量对 2004~2010 年欧盟 27 个国家银行业效率的影响,研究发现银行业竞争越充分,越会导致银行产品及服务的多样化,其利润效率较成本效率有明显的提升,从而支持竞争效率假说。

Zhang 等(2013)在对 2003~2010 年金砖四国银行业的效率进行分析时发现,2008 年金融危机对银行业的表现有负面影响,市场集中度的提高会降低银行业的效率,因此支持"安逸生活假说"。

另外,还有学者对银行业的"生产率悖论"进行检验,如 Beccalli(2007)对索罗提出的"生产率悖论"是否也存在于欧洲银行业进行研究,即研究对信息技术产业的投资是否会影响欧洲银行业的表现行为,实证结果发现虽然银行在信息技术产业投资很多,但是这种投资并没有给银行业带来效率改善,即银行业也存在"生产率悖论"。然而,投资于信息技术产业的不同部门对银行业的效率有不同的影响,如投资于信息技术产业的服务部门对银行业的效率有正影响,而投资于硬件和软件方面则会降低银行业的效率。

郭妍(2005)对"产权决定论"和"超产权论"在我国银行业的适用性进行检验,相应地选取产权形式和市场结构作为代理变量进行分析,并运用 DEA 方法对 1993~2002 年我国 15 家商业银行的效率测算结果进行面板数据研究,实证结果发现"产权决定论"适用于我国银行业,而"超产权论"对银行业效率的影响并不显著,当将样本进一步细分为国有银行和非国有银行进行分析时发现,资本充足率、资源配置能力以及市场份额对银行效率均有显著影响。

周小燕(2007)将城市商业银行纳入所研究的对象,并对 1994~2005 年我国 22 家商业银行的市场结构和效率之间的关系进行了实证分析,研究结果发现银行业的 X 效率、市场份额和市场集中度与银行绩效间均不存在显著的关系,因此"市场力量假说"和"有效结构假说"在我国并没有得到支持,我国更可能存在"安逸生活假说"所导致的 X 低效率。

齐树天(2008)利用 SFA 方法分析了我国 1994~2005 年 16 家商业银行的成本效率,实证结果表明我国商业银行的成本效率在不断改善,研究还发现"结构—行为—绩效假说""市场力量假说""有效结构假说"及"安逸生活假说"在我国均不成立。

黄隽和汤珂(2008)分析了 1996~2005 年银行业的市场竞争程度对银行业效率的影响,通过 Panzar 和 Rosse 模型构造了一个 H 统计量来刻画市场竞争程度,并将此指标用于分析银行业的市场竞争程度对银行业效率的影响,实证结果表明我国银行业的市场竞争程度与效率存在显著的正相关关系,即竞争程度的提高可以带来银行效率的提升。

李百吉(2008)分析了 2003~2006 年我国 12 家商业银行结构、效率与绩效三者之间的关系,研究发现"结构—行为—绩效假说""相对市场力量假说"以及"X 效率、规模效率结构假说"在我国均不成立。

Fungáčová、Pessarossi 和 Weill(2013)分析了 2002~2011 年中国银行业竞争程度对银行效率的影响,研究发现在样本期内,根据勒纳指数对竞争程度的刻画,中国银行业的竞争程度并没有提升,而且此竞争程度在不同的银行间表现不同,其中外国银行具有最低的勒纳指数,虽然近几年中国银行业存在着效率改善,但是大型国有银行的效率依然是最低的,外国银行具有较高的效率,进一步分析勒纳指数和银行效率可以发现两者之间并不存在显著的格兰杰因果关系,即中国银行业的竞争程度并不能解释银行业效率的差异。

邵汉华等(2014)认为,随着银行竞争度的提高,银行管理层经营考核压力增大,这会激励管理者通过减少不合理的支出来降低成本,同时提高银行的经营绩效,银行的成本控制能力及盈利能力也随之增强,成本效率和利润效率会不断提高,因此加强银行间的竞争有利于成本效率和利润效率的提升,此结论符合"安逸生活假说"。

2.6 外资银行进入对效率的影响

部分学者对外资银行的进入是否会提升本国银行业的效率进行研究,如 Sturm 和 Williams(2004)分析了澳大利亚在放松管制后期(1988~2001)外国银行进入对本国银行业效率的影响，研究发现由于有更高的规模效率，外国银行在投入效率方面比国内银行更有效，但这种高投入效率并没有给外国银行带来更高的利润，可能的原因是澳大利亚高度集中的银行市场减少了外国银行的利润，其国内四大银行具有较高的纯技术效率，在放松管制后期，银行业的效率确实有明显的改善。

Havrylchyk（2006）在分析外国银行对波兰银行业效率的影响时发现，1997～2001年波兰国内银行业的效率并没有显著的改善，但是由于外国银行在给定的价格条件下能够有效地运用其投入量，因此外国银行的效率要高于本国银行的效率，他进一步研究发现外国银行的高效率仅表现在对本地新建的银行方面，而外国银行对本国银行的收购并没有带来银行效率的改善。

Lensink、Meesters和Naaborg（2008）对外资控股银行的效率进行分析，研究发现外资银行在处理东道国规章制度、银行监管规则、当地法律及腐败问题时较国内银行要相对困难，因此国内银行的效率要高于外资控股银行，但是如果东道国具有良好的规章制度、管理水平及相对较小的地理距离差异，则外资银行的无效率将会减少。

众多研究均表明外资银行的效率要高于本国银行的效率，但却没有具体对此现象的影响因素进行分析，针对此问题，Sturm和Williams（2008）从本国的影响、母公司的影响及东道国的影响三方面对外资银行效率的影响因素进行分析，1988～2001年澳大利亚银行业的数据分析结果表明，外资银行在东道国的雇佣人数的增加会减少外资银行的效率，具有盈利能力的母公司在东道国并没有改善银行的效率，而来自金融发达国家的银行的效率更高。

李晓峰、王维和严佳佳（2006）在分析外资银行进入对我国商业银行效率的影响时发现，外资银行的进入对我国股份制银行的冲击大于国有商业银行，且技术外溢效应有限，且会导致我国银行业资产质量下降、风险增加。

叶欣（2006）利用Claessens等的模型分析了1995～2004年外资银行进入对我国银行业效率的影响，实证结果得出由于外资银行进入程度有限且四大国有银行依然处于垄断地位，外资银行的进入并没有有效地提升国内银行业的竞争程度，从而也没有提高银行业的效率。而徐立平和时萌（2009）用同样的模型在分析2003～2008年我国银行业的数据时发现，外资银行的进入与我国银行业的非利息收入、费用率、呆账准备金率以及盈利能力存在正相关关系，而与发展能力和净利息收入存在负相关关系，因此在短期内，外资银行的进入对我国银行业效率的影响具有不确定性，而在长期内由于市场竞争效应的作用会提高银行业的效率。

孙兆斌和方先明（2007）利用 DEA 方法和 Malmquist 指数法对中国 1996～2004 年银行业的效率进行分析，结果显示在 1996～2001 年，外资银行的进入并没有给银行业带来显著的效率改进，而在 2001～2004 年，随着金融市场的进一步开放，外资银行的进入虽然对银行业有积极作用且改善了银行业的效率，但是其作用仍然有限。他们认为，在长期内，由于我国银行业的逐步开放，外资银行通过对行业竞争程度的提升以及相应的外溢效应会明显促进银行业效率的改善。

甘小丰（2007）对城市商业银行的效率进行分析时发现，权益资产比率对无效率项有正影响，即高效率的银行存在承担更多风险的趋势，而外资对城市商业银行的持股通过优化股权结构、提高资本充足率及经营管理水平和对金融创新产品的发展确实能提高相关银行的效率。

焦建东（2008）利用面板协整模型分析了外资银行进入对我国银行业效率的影响，实证结果发现外资银行的进入会提高银行业的获利效率，同时会提高银行业的营运成本。

侯晓辉和张国平（2008）分析了 2000～2005 年所有权特征及战略引资对我国 18 家商业银行效率的影响，SFA 方程组法的实证结果表明国有制和战略引资对技术非效率的影响不显著，而战略引资会显著降低配置非效率水平。

何蛟、傅强和潘璐（2010）在分析 1996～2006 年我国 32 家银行的股权结构对其效率的影响时发现，外资银行有较高的利润效率和成本效率，四大国有控股银行的利润效率和成本效率较低，而引入战略投资的银行无论是在利润效率方面还是在成本效率方面都高于未引入战略投资的银行。

谢升峰和李慧珍（2011）发现外资银行的进入对我国商业银行的技术效率和规模效率具有显著的负效应，对纯技术效率的影响不显著，当考虑到外资银行进入的滞后效应时发现，外资银行的进入对规模效率有显著的负效应，对纯技术效率有显著的正效应，而对技术效率的影响不显著。

陈玉罡、孙振东和刘静攀（2011）从不完备合同理论的视角出发研究了引入境外战略投资者对我国商业银行效率的影响，对 1995～2008 年我国 28 家商业银行的实证分析发现，战略投资者的引入会提高银行的效率，其中对股份制银行效率的提高较国有银行明显，且战略投资者的引入会提高非上市银行的公司治理水平，而对上市银行会提高其盈利能力。

上述研究均假定外资银行的进入对我国银行业产生线性影响，国内部分学者进一步将这种影响拓展为非线性影响，即认为当外资银行进入达到某种程度后才对我国银行业产生影响。如刘澜飚和王博（2010）在利用 DEA 方法和 Malmquist 指数法分析引进国外战略投资者对 2000~2006 年我国 12 家商业银行效率的影响时发现，国内银行业效率的下降会导致银行管制的放松及外资银行的进入，而外资银行的进入不一定导致银行业效率的提高，当且仅当外资银行进入数量超过一定界限时才会改善银行业的效率，且这种影响具有一定的滞后性，国有银行和股份制银行在存款生产阶段及存款向贷款转化的中介阶段没有明显的效率差异。

张金清和吴有红（2010）利用 SFA 方法对我国 2001~2008 年 14 家商业银行的利润效率进行测度，并进一步检验了外资银行进入的"阈值效应"，研究发现外资银行进入与银行业的利润效率存在倒"U"型关系，此阈值的区间为 [0.77%, 3.03%]，在此区间之下说明外资银行进入水平尚未发挥最大效应，当在此区间时存在"鲶鱼效应与外溢效应"，即外资银行进入会促进银行业效率的提高，而当超过此区间时存在"摘樱桃效应"，即外资银行进入会阻碍银行业效率的提高，并且此区间并不受产权性质影响，即对国有银行与非国有银行的影响没有显著的差异。

而李伟（2012）进一步扩大了样本的时间范围和银行个数，利用 SFA 方法对 1999~2009 年我国 20 家商业银行的数据进行分析，实证结果表明外资银行的进入与我国银行业的利润效率具有"U"型关系，而非倒"U"型关系，即外资银行在市场进入初期由于没有达到一定的市场规模，对银行业的效率影响有限，而当达到一定规模时会对银行业的效率产生促进作用，研究还发现外资银行参股对银行业效率的影响并不显著。

陈福生和李婉丽（2012）通过对 2004~2010 年我国 13 家商业银行的成本效率的分析发现，外资银行的进入对我国商业银行的成本效率有非线性影响，并表现出倒"U"型的关系，即当外资银行的资产规模小于阈值时对银行效率具有促进作用，而当超过此阈值时对银行效率进一步的提高具有阻碍作用，且外资银行的进入对股份制银行的影响要大于国有商业银行。

2.7 银行兼并对效率的影响

从行业发展而言，低效率的银行最终会被高效的银行兼并，银行会因经营不善而被兼并,也会因没有抵住金融危机的冲击而被兼并,甚至基于政策性原因银行间也会实施兼并,那么银行间的兼并会对整个行业产生怎样的影响引起了部分学者的关注,如 Cuesta 和 Orea(2002)在分析 1985～1998 年西班牙储蓄银行间的兼并对银行业效率的影响时发现,兼并后的公司和未兼并的公司在技术效率变化方面有明显的差异,并且不能拒绝未兼并公司技术效率随时间不变的假设,对兼并后的公司而言其技术效率具有"U"型特征,其认为兼并后的公司比未兼并的公司效率要高,兼并确实会对技术效率产生影响。

Halkos 和 Salamouris(2004)利用 DEA 方法对 1997～1999 年希腊银行业的效率进行分析,研究发现在样本期间内银行业的表现行为有较大的波动,其中在 1998 年银行业效率出现下降的趋势,在 1999 年又伴随上升的趋势,且兼并会导致大银行效率的提升而小银行效率会出现恶化的趋势。

为了加强地区间的竞争,一些欧洲国家出台了鼓励银行业并购的政策,以期在今后的竞争中获得优势,针对此现象,Valverde、Humphrey 和 Paso(2007)利用 DFA 方法从经营环境、技术及生产率方面对 1996～2002 年欧洲地区 10 个国家银行业的成本效率进行分析,研究发现不同国家间成本效率的平均水平非常接近,且由于经营环境的差异非常小,在进行效率分析时可以不考虑经营环境间的差异。为了扩大银行规模及市场占有率,国家会对本国银行提供各种优势来打破不同国家大银行间效率相似的这种平衡,从而在未来单一的欧洲市场占主导优势。

Rezitis(2008)分析了希腊银行业间的兼并对银行业效率的影响,使用广义 Malmquist 指数法对 1993～2004 年希腊银行业数据的分析表明,合并后银行的技术效率和全要素生产率均存在下降的趋势,其中技术效率在样本期内平均下降了 15%,而非合并银行的技术效率却在此期间上升了 8.52%。

Thoraneenitiyan 和 Avkiran(2009)对后亚洲金融危机时代东南亚银行业的效率进行分析时发现,银行的资产重组并没有提高银行的效率,而国内银行业的兼并会给银行业带来的正影响。

Halkos 和 Tzeremes(2013)在利用 DEA 自助法分析兼并对 2007～2011 年希腊银行业效率的影响时发现,在希腊财政危机开始之前 1 年和开始后 1 年里,银行间的兼并并没有给银行业的效率带来改善,其认为此次财政危机消除了兼并给银行业带来的潜在效率提升,而两个具有成本效率的银行之间的兼并并不会给银行带来运营效率的提升。

2.8 产权结构对效率的影响

魏煜和王丽（2000）利用 DEA 方法对 1997 年我国 12 家银行的效率进行测度，实证结果发现国有银行的技术效率要低于股份制银行，且国有银行的技术无效率主要来源于纯技术无效，而股份制银行的技术无效主要来源于规模无效。

张建华（2003）利用 DEA 方法对我国 1997～2001 年 51 家商业银行的效率进行分析，研究认为股份制银行的平均效率最好，城市商业银行的平均效率最低，国有银行不存在规模经济，而股份制银行和城市商业银行会随着规模的增加而提高相应的效率，虽然国有银行具有较大的规模，但是随着规模进一步的增加其效率却呈上升趋势，因此断定银行业存在着 X 效率。

刘琛和宋蔚兰（2004）在 SFA 模型中加入产出质量和流动性风险的代理变量对 1996～2001 年我国 14 家商业银行的 X 非效率进行研究，实证结果表明在样本期内国有银行的效率要低于股份制银行，而上市银行由于面临更严格的监管及较强的市场规范，因此会有较高的效率，我国商业银行的 X 效率在不断提高且国有银行与股份制银行效率间的差距在不断缩小。

刘志新和刘琛（2004）利用 DFA 方法测算了 1996～2002 年我国 14 家商业银行的效率，测算结果表明股份制商业银行的效率要高于四大国有银行的效率，且上市银行的效率相对较高。

朱南、卓贤和董屹（2004）利用超效率 DEA 模型对 2000～2001 年我国 14 家商业银行的效率进行测算，实证结果表明四大国有银行的效率要远远低于股份制商业银行，而提高四大国有银行的效率可从提高人力资源利用率着手，此外 Tobit 回归模型结果表明，导致我国商业银行效率低下的环境因素是模糊不清的产权关系及盈利能力的低下。

方春阳等（2004）分析了 1996～2001 年我国商业银行的效率，DEA 方法的实证结果表明虽然在样本期内四大国有商业银行的效率有明显的改善，其与股份制商业银行的差距也在逐渐缩小，但是国有商业银行的效率仍处于较低水平。

谭政勋（2005）利用 DFA 方法对我国 1996～2002 年 14 家商业银行的成本效率进行测算，并进一步研究了产权制度和市场结构对银行业效率的影响，实证结果发现股份制银行的成本效率要优于国有银行，且上市银行往往具有较高的效率，而造成国有银行成本效率低下的主要原因在于其相应的产权制度。

郑录军和曹延求（2005）在对我国 25 家商业银行的数据进行分析时发现，国有银行的效率与股份制银行及城市商业银行的效率并没有显著的差异，且股权集中、公司治理和银行的规模对银行业的效率均起促进作用。

杨德、迟国泰和孙秀峰（2005）对 1998～2002 年我国 14 家银行的效率进行分析，DEA 方法的实证结果表明国有银行的成本效率要显著低于股份制银行，且造成我国银行业成本无效率的主要原因是技术无效率，在配置效率方面没有发现国有银行和股份制银行具有显著的差别。

谢朝华和段军山（2005）利用 DEA 方法分析了 2001～2003 年我国 14 家商业银行的 X 效率，结果显示我国商业银行的平均效率为 74%，其中股份制银行的效率要高于四大国有银行，进一步将 X 效率分解为技术效率、配置效率和规模效率时发现，四大国有银行与股份制银行相比有较低的配置效率和规模效率，而其技术效率却较高。

迟国泰、杨德和吴珊珊（2006）在考虑到银行资产质量时利用 DEA 方法对 2002 年我国 14 家商业银行的效率进行测算，通过对不同投入产出指标的组合分析发现股份制银行的综合效率要高于四大国有银行的效率。

庞瑞芝（2006）利用 DEA 方法分析了 2000～2004 年我国 28 家商业银行的效率，研究发现国有商业银行的效率最低，引起无效率的主要原因是规模无效率，而由于规模效率相对有效，股份制银行的效率要高于国有商业银行的效率，由于具有较高的纯技术效率和相对较高的规模效率，城市商业银行的效率在所研究的对象内表现最好。

杨大强和张爱武（2007）利用 DEA 方法对我国 1996～2005 年商业银行的效率进行测算，并考虑到了具有垄断市场力量存在时的替代利润效率和不具有垄断力量的标准利润效率，实证结果表明我国商业银行的成本效率要高于利润效率，而标准利润效率又高于替代利润效率，说明我国银行业存在着垄断力量，其中四大国有商业银行在利润效率和成本效率方面较股份制银行要高，但股份制银行效率的高速增长导致两者之间的差距在逐渐缩小。

徐传谌和齐树天（2007）在利用 SFA 方法对 1996～2003 年我国 14 家商业银行进行分析时发现，我国银行业的成本效率有逐年递增的趋势，且各银行间成本效率的差异在逐年缩小，其中国有银行的成本效率表现最好，而在对利润效率进行测算时发现，我国银行业的利润效率逐年递减，其中股份制银行的效率表现要优于国有银行，且两者之间的差距在逐年扩大。

齐树天、边卫红和韦艳华（2008）分析了 1994～2006 年 16 家我国商业银行的成本效率和利润效率，SFA 的实证结果发现样本期内股份制银行的成本效率和利润效率均高于国有商业银行，其中由于国有商业银行成本效率的递增速度高于股份制银行，所以两者之间的差距在逐渐缩小，而在利润效率方面两者之间的差异未能体现出逐渐缩小的趋势。

李希义（2008）利用 DEA 方法对 1999~2002 年我国 14 家商业银行的效率进行分析，研究结果发现股份制银行的存在会促进国有商业银行效率的提高，但两者之间效率的差异在逐渐缩小。

杨大强（2008）利用 Box-Cox 转换函数对超越对数成本函数进行转换，并将此方法用于 1995~2005 年我国银行业的范围经济分析，研究发现国有银行存在范围不经济，而股份制银行存在范围经济，从而股份制银行的效率要高于国有银行，同时还发现范围经济与银行资产规模无关。

杨德勇和曹永霞（2008）通过定义两种不同的产出将模型分为利润模型和贷款模型，并利用规模收益不变的 DEA 模型对我国 1999~2006 年 11 家银行的效率进行分析，实证结果发现在利润模型内，2004 年以前国有银行的效率低于股份制银行，而 2004 年以后国有银行的效率表现要优于股份制银行。在贷款模型内，不良贷款的存在会降低银行业的效率，其中不良贷款对国有银行效率的影响要大于股份制银行。

赵振全、赵石磊和王佐理（2008）在利用 SFA 方法对我国 1997~2005 年 14 家商业银行的效率进行分析时发现，我国商业银行的成本效率存在上升的趋势且存在个体差异，平均而言股份制银行的成本效率要高于国有银行。

黄宪、余丹和杨柳（2008）利用 DEA 三阶段模型对投入要素的环境因素和误差因素进行剥离，并将修正后的投入要素用于对我国 1998~2005 年 13 家商业银行的效率进行测算，实证结果发现我国银行业的 X 效率呈逐年上升趋势，而 X 效率的增长来源于配置效率的提高，其中国有银行效率的提高要优于股份制银行。

Berger、Hasan 和 Zhou（2009）分析了我国银行业所有权对银行业效率的影响，1994~2003 年的实证结果表明外国银行在利润效率方面最有效，而国有四大银行的利润效率排名最低；在成本效率的分析中，非四大国有银行和外资银行的效率最高，而国内私人银行的效率最低。非四大国有银行和国内私人银行的股份中如果有少量的外资持股，则其利润效率和成本效率要高于没有外资持股的银行。考虑到外国投资者可能会对效率较高的银行进行投资，因此银行的高效率可能来自其本身而非外资持股所造成的影响，这种选择效应会减少外资持股对银行效率的影响，进一步对外资投资前后银行效率的统计检验表明外资持股银行确实能够提高银行效率。

Jiang、Yao和Zhang（2009）对1995～2005年中国银行业的效率进行分析时发现，联合控股银行的效率要高于国有控股银行，因为外资在注入时会选择表现行为较好的银行，所以外资收购策略在长期内对国有银行私有化的表现行为产生正影响，而上市策略在短期内会提高银行的效率，但是随着时间的推移，这种效率的提高会慢慢降低。

吕品和文英（2010）对2001～2007年我国14家商业银行的效率进行分析，SFA方法的实证结果表明我国商业银行的成本效率在不断提高，股份制商业银行的效率要高于国有商业银行的效率，且股份制商业银行效率的提高更为明显，因此股份制商业银行的效率与国有商业银行的效率间的差距在不断扩大。

周逢民等（2010）利用两阶段关联DEA模型对2003～2007年我国15家商业银行的效率进行测算时发现，我国商业银行存在技术无效率的状态，且这种无效状态是由规模无效率引起的，进一步将银行经营过程分为资金组织过程和资金经营过程研究时发现，银行在资金组织阶段相对有效，而国有商业银行的技术效率要低于股份制商业银行，造成此结果的原因为国有商业银行在资金经营阶段的无效率。

王健、金浩和梁慧超（2011）在利用超效率DEA方法和Malmquist方法对我国2004～2009年14家商业效率的测算中发现，我国银行业的效率总体呈逐年上升的趋势，其中国有银行并没有因具有较大的规模而给其带来更高的效率，其效率要低于股份制银行。

纪建悦和于富洋（2012）将不良贷款当作非期望产出并利用SBM模型分析了2009～2011年我国16家上市银行的效率，实证结果表明城市商业银行具有较高的效率，股份制商业银行的效率也在逐年提高，而四大国有银行中除工商银行外，其余银行的效率均较低。

芦锋、刘维奇和史金凤（2012）利用网络DEA方法将存款看作银行生产过程中的中间变量，并对2000～2010年我国14家商业银行的效率进行测算，研究发现国有商业银行的技术效率要低于股份制银行，而在纯技术效率方面两者之间没有显著的差异，但股份制银行在纯技术效率方面有较高的波动率。

Asmild和Matthews（2012）利用多方向效率分析法（MEA）对1997～2008年中国银行业的效率进行分析，研究发现联合控股银行的效率确实高于国有银行，这种差异虽然在样本期内的某些时段有所改善，但是并不能保证联合控股银行的效率和国有银行的效率存在趋同的现象，这种差异同样反映在不同的效率模式方面。

2.9 模型改进对效率的分析

Berger（1993）在研究1980~1989年美国银行业的效率时发现，用随机前沿法对美国银行业进行分析时对无效率项的假设（无效率服从一个非对称的半正态分布）并不能得到满足，其无效率项近似为一个对称的正态分布，又由于随机误差项也服从一个对称正态分布，因此将无效率项从混合误差项中分离出来是困难的。基于此，Berger利用自由分布模型（DFA）对银行效率进行分析，此模型并没有对误差项及无效率项的分布做太多的限制，仅要求效率随着时间的变化是稳定的。实证结果表明美国银行业间的效率差异是由X效率引起的，而规模效率对效率间差异的解释力很小。

然而传统的自由分布方法（DFA）假设无效率项不会随着时间的变化而变化，模型中的随机误差项会随着对时间的平均而消失，因此可对模型的混合误差项求平均来得出X效率。如果在求平均时时间样本选得太短，则随机误差项的均值不会消失，从而影响X效率的估计；而如果时间样本选得太长，则无效率项不随时间变化的假定将会违背。因此，时间样本数应选为多少时才能保证估计结果的精确度成为了研究的一个方向。DeYoung（1997）针对此问题给出了一个诊断性检验，并对1984~1994年美国商业银行的X效率进行了实证分析，研究发现将样本时期数选为6时对X效率的估计较为合理。

此外，Mohanty、Lin和Lin（2013）对随机前沿函数的基本假定进行放松，允许无效率项存在异方差性，而如果忽略这种异方差性，则模型的估计结果将会是有偏的，对1996~2011年中国台湾商业银行的实证分析表明，具有异方差性并用一步估计法得出的效率与传统的随机前沿模型并用两步法估计出的结果有显著的差异，并建议在进行银行效率分析时用一步法对效率进行估计，研究还发现国有银行的成本效率要高于私有银行。

在现实生活中对决策单位效率的测算会出现在某一期内具有无效率，但是在整体上还是表现出较高的效率的情况，因此对每一期效率的测算也会对决策者有帮助，然而传统的DEA方法只能捕捉到样本期内平均效率的测算，即使对每一期效率分别进行测算，但由于在每一期内对效率测算的对等组是不同的，对每一期进行单独测算所得的结果不具有可比性，基于此问题，Kao 和 Liu（2014）提出了一个可以同时估计整体效率和每一期效率的方法（关联网络模型），其中整体效率是每一期效率的加权平均，并将此方法用于 2009～2011 年中国台湾商业银行的效率分析中，实证结果表明新方法与现有方法得出的银行表现在排名上有很大的区别，并且其认为中国台湾银行业的效率在样本期内有明显的改善。

2.10 其他因素对效率的影响

1980 年后美国商业银行受到了一系列的冲击，包括大量银行的破产、兼并及激烈的竞争，因此对银行效率的研究引起了不少学者的注意，如 Miller 和 Noulas（1996）对 1984～1990 年美国 201 家大型商业银行的效率进行分析时发现，美国大型商业银行的平均技术无效率和规模无效率都很小，为 5% 左右，此结果要低于前人的研究，其原因为银行业日益激烈的竞争导致银行效率的提升。研究还发现大型银行正面临规模报酬递减的趋势，且市场力量对银行效率并没有显著的影响。

Berger、Leusner 和 Mingo（1997）对 1989～1991 年美国大型商业银行 760 个分行的效率进行分析，研究发现银行分支机构的个数两倍于成本最小时银行分支机构的个数，这是对顾客提供额外便利性所带来的收入提高造成的，他们认为，银行分支机构并不具备 X 效率，其 X 无效率非常大，为运营成本的 20%。

DeYoung 和 Hasan（1998）在分析美国 1980～1994 年新兴银行的利润效率时发现，刚建成一年的新兴银行的利润效率远不如年份久远银行的平均水平，虽然新兴银行在成立的两到三年内其利润效率有较快的提升，但还是没有达到年份久远银行的水平，此现象到第九年会出现好转。受多家银行控股的新兴银行的利润效率要低于独立的新兴银行，且新兴国家银行的利润效率要低于政府特许新兴银行。

Chu 和 Lim（1998）在寡头垄断市场条件下对 1992～1996 年新加坡银行业的效率进行分析，研究发现新加坡银行业的 X 效率较中国台湾银行业及西欧和北美地区银行业的效率要高且相对比较集中，其利润效率要低于成本效率，而银行业利润效率的变动与相应的股票价格变动高度正相关。

Maudos 等（2002）对 1993～1996 年欧洲 10 个国家银行业的成本效率和利润效率进行分析，研究发现欧洲银行业的利润效率比成本效率低，他们进一步从银行大小、专业化类型、其他银行特征及市场特征方面对效率的影响因素进行分析，实证结果表明中等大小的银行在成本效率和利润效率方面有最好的表现，银行专业化种类并不能解释效率的差异，高风险的银行具有更高的利润效率和更低的成本效率，银行集中度对利润效率有正影响，对成本效率有负影响，而营业点密度高的银行的成本效率低。

Luo（2003）认为，市场表现行为也是刻画银行效率的一个重要标准，而之前大量的研究均忽略了对市场表现行为的考虑，利用 DEA 方法构建利润效率和市场效率并对美国大型银行的效率进行实证研究，实证结果表明银行的利润效率要高于市场效率，因此银行的无效率项来源于市场的无效率，且银行所处的地理位置并不会对银行效率产生影响，而银行的利润效率有助于对银行破产的预测。

Akhigbe 和 McNulty（2003）对 1990～1996 年美国小型商业银行的效率进行分析，研究发现小型银行较大型银行更具利润效率，其中非特大城市小型银行的利润效率要高于特大城市小型银行。

在对银行效率进行分析时通常需要知道相关价格的信息，如在利用参数法对银行的成本效率和利润效率进行分析时一般假定投入项的价格是内生的，即通过银行导向（bank-specific）来计算投入价格，而由于数据的可得性问题，用此方法计算的投入价格精度较低且对相关价格的解释较为模糊，考虑到此问题，Bos 和 Kool（2006）利用市场导向的外生变量作为投入价格对 1998～1999 年荷兰当地的合作银行效率进行分析，研究发现在进行成本效率分析时内生投入价格比外生投入价格存在向下的偏差，而此现象在进行利润效率分析时并没有发生，进一步对无效率的影响因素进行分析时发现银行策略选择变量、当地银行市场变量及当地宏观变量确实会影响银行效率，但是对银行效率的影响程度有限。而在利用 DEA 方法进行效率分析时也需假定决策单位对投入量、产出量以及投入价格有确切的了解，但在实际应用中对价格有确切的了解是困难的且在短期内价格会存在变化，基于此观点，Camanho 和 Dyson（2005）在价格未知的情况下对传统 DEA 模型进行扩展，在投入价格信息不完全的条件下将成本效率估计为一个上界（乐观成本效率）和一个下界（悲观成本效率），对葡萄牙银行业分支机构效率的研究表明，乐观的成本效率与传统的成本效率平均相差 3.4%，而悲观的成本效率与传统的成本效率平均相差 4.6%，因此在考虑到投入价格信息不完全的情况下成本效率的测量值与传统的成本效率测量值之间的差异不显著。

Portela 和 Thanassoulis（2007）从交易效率、运营效率和利润效率三方面对葡萄牙银行业的分支机构进行分析，研究发现运营效率较高的银行的利润效率也较高，运营效率和交易效率之间存在显著的正相关关系，进一步对服务质量及效率间的关系进行分析后发现，服务质量与运营效率、利润效率之间存在显著的正相关关系，而与交易效率存在不显著的负相关关系。

Kyj 和 Isik（2008）对 1998～2003 年乌克兰银行业的效率进行分析，研究发现在样本期内，乌克兰银行业的平均技术效率为 47%，其中纯技术效率为 62%，规模效率为 78%，且大银行在管理效率和技术效率方面比小银行更有效，而在规模效率方面的表现却不如小银行。

Isik（2008）对比分析了 1981～1996 年土耳其的新兴银行和资历较老的银行之间效率的差异，研究发现新兴银行的表现行为要优于资历较老的银行，且其在生产率、技术和效率方面都有较快的增长速度，但这种优势仅体现在银行建立初期，外国企业的进入不仅在效率方面而且在生产力增长率方面都强于国内企业。

Ariff 和 Can（2008）利用 DEA 方法对 1995～2004 年中国商业银行效率进行分析时发现，中国商业银行的利润效率（0.505）要低于成本效率（0.798），股份制商业银行在成本效率和利润效率方面比国有银行表现要好，而成本效率最高的银行在利润效率方面也表现得最好，在对效率的影响因素的分析中发现，中等规模银行的成本效率和利润效率最高，高风险的银行其效率要低，而盈利能力较好的银行具有更高的效率，另外加入 WTO 后银行业的效率存在显著改善。

Rossi、Schwaiger 和 Winkler（2009）分析了银行多样化问题对澳大利亚商业银行效率的影响，实证结果表明在多个行业内扩展导致的银行多样化会增加银行的运营成本，并进一步降低银行的成本效率，因此银行业高度集中会对其成本效率产生显著的正影响。而银行多样化导致银行能够降低相应的风险并获得更高的利润，因此多样化对利润效率具有显著的正影响。

Tecles 和 Tabak（2010）利用贝叶斯随机前沿方法分析了 2000～2007 年银行规模、所有权、市场占有率、不良贷款和股权对巴西银行业效率的影响，研究发现成本效率（0.66）要低于利润效率（0.75），市场占有率对银行无效率有正影响，不良贷款对银行无效率有负影响，且资本规模较大的银行的成本效率要低，大银行在成本效率和利润效率方面具有最好的表现，而外资银行往往是成本无效但利润有效的。

Liadaki 和 Gaganis（2010）对 2002～2006 年欧洲地区 15 个国家银行业的效率进行分析时发现，银行业的利润效率要低于成本效率，且利润效率和成本效率会随着时间的增加而增加，当将每个国家的宏观条件、金融体系及市场结构作为环境因素进行控制后，发现利润效率与股票回报率之间存在显著的正相关关系，而成本效率与股票回报率之间却没有任何联系。

考虑到银行风险及资产质量问题，Manlagnit（2011）在对 1990～2006 年菲律宾银行业效率的研究中发现，菲律宾银行业的平均成本效率为 75%，规模较小的银行比规模较大的银行更无效，成本无效率的银行会保持长时间的无效率，金融资本、中介率、存款负债比与成本无效率负相关，此外银行间的兼并也会对无效率产生负影响，随着时间的推移，技术进步会改善银行的效率，贷款损失准备、银行集中度与无效率正相关，而上市银行较非上市银行具有更高的无效率。

Cyree 和 Spurlin（2012）在分析美国大型银行对农村银行的影响时发现，大型银行在农村市场的出现会提高贷款价格，从而提高农村银行的资本回报率，然而随着越来越多的大型银行在农村市场出现，资本回报率会越来越低，大型银行在农村市场的出现会降低农村银行的利润效率。

Sufian 和 Habibullah（2012）考虑了经济全球化对发展中经济体内银行业效率的影响，并对 1999～2007 年印度尼西亚银行业的数据进行实证分析，研究发现印度尼西亚银行业的无效率主要来源于规模的无效率而非纯技术无效率，高资本化的银行具有较高的效率，而高风险及高费用支出的银行具有较低的效率，且经济全球化对银行效率有显著的正影响，对贸易量及资本账户的限制会阻碍银行效率的提升。

在 2008 年金融危机后美国通过启动不良资产救助计划向金融市场注入流动性以减轻信用危机，同时恢复金融市场的信心。Harris、Huerta 和 Ngo（2013）在分析此法案对美国银行业效率的影响时发现，接受援助计划的银行的运营效率比未接受援助计划的银行的运营效率要低，其原因为救助计划会阻碍银行资产质量的改善，同时还会存在道德风险问题，因此会导致银行效率的降低。

Duygun、Sena 和 Shaban（2013）研究了熊彼特竞争模式对英国商业银行业效率的影响并将商标强度作为商业银行产品创新的代理变量，2001～2012 年英国商业银行的实证分析表明新产品的推出将导致银行成本效率和利润效率的下降，而随着产品创新增加导致的竞争加剧，银行会通过改善成本效率和利润效率来适应这种竞争。

Barros 和 Williams（2013）利用随机参数的随机前沿法对 1998～2006 年墨西哥银行业的成本效率进行分析，研究发现用随机参数法所得的平均成本效率要高于 OLS 方法，外资收购对墨西哥银行业的成本效率并没有显著的影响，而国内银行的合并在长期内会显著提升成本效率。

Yin、Yang 和 Mehran（2013）利用随机前沿模型对 1999～2010 年中国银行

业的效率进行测算,研究发现在加入 WTO 后中国银行业的效率普遍增加,国有银行的效率比其他银行的效率要低,其中国家控股银行的效率最高,而风险厌恶型银行的效率比风险偏好型银行的效率要低,银行规模与银行效率之间存在非线性关系且大银行比小银行更缺乏效率,但当银行规模达到一定程度后具有规模效应,此时银行效率将会增加,商业活动较多的银行因没有达到范围经济而具有较低的效率,管理良好的银行具有较高的效率,中国银行业将投入转化为贷款方面较盈利方面更有效。

Barros 和 Wanke(2014)利用动态贝叶斯前沿模型对 1998~2010 年巴西银行业的效率进行分析时发现,在样本期内巴西银行业的平均效率为 0.7451,且成本效率最重要的影响因素是银行规模,规模较小的地区银行具有较低的效率,而外资银行效率与本国银行效率的差异在统计上不显著。

Dong、Hamilton 和 Tippett(2014)利用随机前沿生产函数(SFA)、传统的 DEA 方法和价格信息不完全条件下的新 DEA 方法对中国 1994~2007 年银行业效率进行比较分析,研究发现 SFA 方法的效率得分为 91.14%,要高于 DEA 方法和新 DEA 方法的 86.83%,而在进行银行间的效率排序时三种方法所得结果存在差异,三种模型的效率得分均在短期内表现出稳定性,而在长期内不稳定,SFA 方法与传统的财务指标法显著相关,而非参数方法仅与刻画成本行为时的财务指标相关,与刻画利润的财务指标无关,SFA 方法认为中国银行业存在着规模经济,而 DEA 方法则认为大多数银行是规模不经济的,三种方法均表明中等规模的银行有最高的规模效率,且随着银行规模的增加规模报酬递减,国有四大行的成本效率最高,在加入 WTO 后银行成本效率并没有提高。

Wang 等(2014)将整个银行系统的运行过程看成储蓄生成过程和获得利润过程,并用两阶段 DEA 方法对 2003~2011 年中国商业银行业的效率进行分析,实证结果表明与两阶段 DEA 方法相比,传统的 DEA 方法会高估银行效率,第三次银行改革给中国商业银行效率带来了显著提高,银行系统中利润生成过程的效率要高于储蓄生成过程的效率,因此储蓄生成过程的低效率是中国商业银行低效率的主要原因,在改革前期四大国有银行比股份制银行效率要高,而这种差异在改革后期逐步缩小,当不考虑不良资产时银行效率会有轻微的下降,而银行上市会给银行效率带来正影响。

张健华(2003)认为,影响银行 X 效率的既有外因又有内因,就外因而言,银行的所有权形式、利率水平以及市场结构对银行业的效率有显著影响,而地域差异和经济发展水平对效率的影响有限。就内因而言,银行的资本充足率、风险管理水平、盈利能力、不良贷款率、员工素质及相应的激励机制对银行效率影响明显。

许晓雯和时鹏将（2006）分别利用 SFA 方法和 DEA 方法对 1997～2001 年我国 14 家商业银行的效率进行测算，研究发现 SFA 方法的结果为 0.9479，DEA 方法的结果为 0.6426，因此 SFA 方法的测算结果要高于 DEA 方法的测算结果，但这两种方法在银行效率值排序方面没有明显的差异。

石晓军和喻珊（2007）对我国银行业效率估计存在的不一致性进行了检验，研究结果发现对银行业效率估计所采用的不同方法（参数法和非参数法）并没有导致银行间效率的排序出现差异，而造成排序差异的主要原因在于研究样本时所选择的样本时期长度以及模型结构的不同，即对投入产出项选择的些许差异会造成估计结果的明显不同。

王聪和谭政勋（2007）先利用 SFA 法对我国 1990～2003 年 14 家商业银行的利润效率进行测算，并从宏观因素、产权机制和市场结构的角度分析了其对利润效率的影响，研究发现固定资产投资增长率在诸宏观因素中（GDP 增长率、M2 增长率、CPI 和企业整体效益）对利润效率的影响最大，市场竞争强度的增加对银行业利润效率起促进作用，而银行是否上市对效率的影响不显著，他们认为，产权制度和市场竞争对银行效率的影响存在一种互补关系，而不是相互替代的关系。

邱兆祥和张爱武（2009）对 1999～2003 年我国 14 家商业银行的 X 效率进行分析时发现，利用 FDH 方法得到的有效银行数量增多且行业平均效率水平存在逐年上升的趋势，研究还发现国有商业银行的平均效率水平要高于其他商业银行，此结果与 DEA 方法和 SFA 方法所得的结果明显不同，造成这一结果的原因为 FDH 方法放松了生产技术凸性的假定。

顾洪梅和刘金全（2009）利用 SFA 方法分别从宏观成本效率的角度和微观成本效率的角度对我国 1998～2005 年 15 家商业银行的效率进行分析，研究结果表明各家银行宏观层面的成本效率随着时间的增加而逐年提高，表现为银行对社会资源的配置能力在逐年增强，且银行效率间的差异在逐渐缩小，而微观层面的成本效率随着时间的增加逐年下降，表现为银行的盈利能力在逐年下降，且银行效率间的差异在逐渐增大。

郭梅亮（2013）从金融功能的角度对我国银行业的效率变迁进行考虑，认为对银行绩效的分析应建立在银行所具有的功能的基础之上，研究发现短期而言，虽然改革初期我国银行业功能的财政化导致了银行效率水平低下，但是从长期来看，银行业的这种发展却促进了经济增长，更多地表现出一种宏观层面的效率。而随着银行业去财政化的发展，其微观层面的效率有着显著的提高。因此，银行效率的表现更多地体现在其在不同发展阶段所起的不同作用。

2.11 本章小结

通过对国内外相关文献的整理可以发现，现有文献的银行效率测算结果存在不同程度的异质性问题，而产生此异质性的原因有很多，如对银行效率的不同定义、选取变量及样本范围的不同、估计方法的不同等。现有文献对异质性问题分析不足，特别是大多数文献均忽略了不同模型银行效率测算结果产生的差异，同时在模型选择时也存在一定的主观性，而相关的分析均建立在对银行效率进行估计的基础之上，如果银行效率测量结果产生偏差，则可能造成相关分析结果不再成立的后果。分析银行效率的方法主要有参数法和非参数法，两者均具有各自的优点，理论界对具体应用哪种模型也没有统一的意见，而本书主要将研究重点集中于参数法，进而比较参数法中不同模型的银行效率估计结果是否存在差异，如果存在差异将如何对银行效率进行估计，并对模型的选择是否会影响银行效率的排名进行分析。而且现有文献对银行风险的分析不足，即便考虑到了银行风险，也仅停留在不良贷款的层面，或者在测算出银行效率后进一步对银行风险与银行效率之间的关系进行分析，而银行风险是客观存在的，银行在从事经营业务的同时会产生银行风险，因此本书将银行风险视为银行的产出项进行分析。银行所面临的风险有很多种，各国金融监管机构也高度重视银行风险这一问题并根据《巴塞尔协议》对银行风险进行严格监管。按照《巴塞尔协议》的相关内容，银行最常见的风险包括信用风险、市场风险和操作风险，这三种风险也是中国银行业监管的主要考虑内容，因此本书通过对银行信用风险、市场风险以及操作风险的测量来分析银行风险对银行效率的影响。

3 中国银行业效率影响因素的 Meta 回归分析

通过对相关文献的整理可知对中国银行业效率的估计及测算已经有大量的研究文献存在,但对效率估计结果尚未形成统一的意见,因此所得结果会存在异质性问题。产生异质性的原因在于关于效率的研究内容不同,如国内外文献对中国银行业效率的研究及测算主要集中在技术效率、配置效率、规模效率、X 效率、成本效率及利润效率方面,而银行效率的不同定义会导致对效率估计结果的非一致性存在。即便是在对同一效率进行研究时,样本选择范围、估计方法、变量选择及处理等不同也会导致估计结果的非一致性存在。

为了对这种估计结果异质性的影响因素做进一步的研究,通过对国内外关于中国银行业效率测算的相关文献进行收集和整理,并利用 Meta 回归分析法从效率的选择、模型的设定、投入产出项指标的选取等方面对中国银行业效率测算结果异质性问题进行定量分析。本书首次将 Meta 回归分析法用于中国银行业效率研究方面,并通过从大量文献中提取相关的变量及指标对中国银行业效率测算的异质性进行研究分析,从而得出在银行效率测算中主要的影响因素。Meta 回归分析方法是建立在对相关文献全面而系统的统计分析基础之上的,因此可避免单一文献对银行效率影响因素研究产生的片面性问题。

本章结构如下:第一节为对文献综述的精练部分,主要从现有文献中提取 Meta 回归分析所涉及的相关内容,其中包括对效率的不同定义、不同估计方法的选择以及不同投入产出项的选取问题;第二节对 Meta 模型进行介绍;第三节为本章的实证分析,包括对所选取的各个分析指标的处理,异质性问题的检验,Meta 回归分析结果和偏倚检验问题;结论则在第四节给出。

3.1 相关文献分析

3.1.1 估计效率的不同

通过对文献的收集和整理发现，中国银行业效率的研究主要集中在银行业技术效率、规模效率、配置效率、X 效率、成本效率和利润效率方面。其中对中国银行业技术效率、纯技术效率、规模效率和配置效率研究的文章主要基于 DEA 方法进行估计，如魏煜和王丽（2000）利用 DEA 方法对 1997 年中国 12 家银行的效率进行测度，实证结果表明国有银行的技术效率要低于股份制银行，且国有银行的技术无效率主要来源于纯技术无效，而股份制银行的技术无效率主要来源于规模无效。刘汉涛（2004）利用 DEA 方法对中国 2000~2002 年 15 家商业银行的效率进行测度时发现，中国商业银行的规模效率存在下降的趋势，而纯技术效率存在上升的趋势，规模无效率是导致技术无效率的主要原因，在样本期内股份制银行的技术效率要高于国有银行的技术效率。谢朝华和段军山（2005）利用 DEA 方法分析了 2001~2003 年中国 14 家商业银行的 X 效率，结果显示中国商业银行的平均效率为 74%，其中股份制银行的效率要高于四大国有银行，进一步将 X 效率分解为技术效率、配置效率和规模效率时发现，四大国有银行较股份制银行有较低的配置效率和规模效率，而其技术效率却较高。

利用 SFA 方法对技术效率进行估计的文献相对较少，且技术效率、规模效率、配置效率仅体现银行经营过程中某一方面的效率，并没有体现银行整体的综合效率。而考虑到银行业具有逐利的特点，会在一定的投入下最小化其经营成本，并追求利润最大化，因此对效率的选择限制为银行的成本效率和利润效率，以此来反映银行的综合效率。

虽然不少文献在对成本效率和利润效率进行比较分析时一般会得出中国银行业的成本效率要高于利润效率的结论，如徐传谌和齐树天（2007）在利用 SFA 方法对 1996~2003 年中国 14 家商业银行进行分析时发现，中国银行业的成本效率有逐年递增的趋势，而在对利润效率进行测算时发现，中国银行业的利润效率逐年递减。中国银行业在成本控制方面的表现要好于其在利润创造方面的表现。杨大强和张爱武（2007）利用 DEA 方法对中国 1996~2005 年商业银行的效率进行测算，实证结果表明中国商业银行的成本效率要高于利润效率。刘星和张建斌

(2010)从成本效率和利润效率的角度对中国银行业的经营效率进行分析,DEA方法的结果显示我国银行业的成本效率要明显高于利润效率。但是成本效率和利润效率具有不同的边界函数,不能直接对银行的成本效率和利润效率加以简单的比较,因此利用Meta回归分析法分别考虑中国银行业成本效率和利润效率估计结果的异质性问题。

3.1.2 估计方法的不同

在对银行效率进行测算时所使用的方法可分为两类:第一类为参数法,其中包括随机前沿法(SFA)、自由分布法(DFA)和厚尾前沿法(TFA);第二类为非参数法,其中包括数据包络分析法(DEA)和无边界分析法(FDH)。而利用DFA法、TFA法和FDH法对中国银行业效率进行估计的文献较少,具体可参见刘志新和刘琛(2004)、谭政勋(2005)利用DFA法对我国1996~2002年14家商业银行效率的测算,邱兆祥和张爱武(2009)利用FDH法对1999~2003年我国14家商业银行X效率的估计。目前我国银行业效率估计的方法主要为SFA法和DEA法,如刘琛和宋蔚兰(2004)、王聪和谭政勋(2007)等利用SFA方法对我国商业银行效率的测算,关于利用DEA法对银行效率测算的研究可参见张健华(2003)、谢朝华和段军山(2005)等。考虑到文献数目的限制,本书的研究主要集中在SFA法和DEA法对银行效率测算差异的比较方面。其中,DEA方法通过线性规划的方法对所观测到的数据构建分段前沿面并基于此来估计银行效率,此方法的优点是不用对模型的生产函数形式及误差分布做过多的假定,能够测量多投入多产出的效率问题,其缺点是忽略了测量误差或噪声项对测量结果的影响,当模型中存在测量误差或噪声项时会影响到前沿面的位置及形状。SFA方法利用计量方法对效率进行估计,通过对生产函数的设定(一般使用的生产函数包括柯布—道格拉斯生产函数、超越对数生产函数和傅立叶生产函数)及对误差项分布形式的假定进行效率估计,此方法的优点是考虑了误差对效率估计的影响,能够对模型中相应的参数进行假设检验,而其主要缺点为需要事先对生产函数形式及误差项分布进行设定。在进行效率测算方法的选择上不存在一个方法严格优于另一个,因此同时选取这两种方法进行考虑。

Berger和Humphrey(1997)在分析比较众多文献对美国银行效率的估计时发现,与SFA等参数法相比,DEA方法估计的效率值具有较低的均值及较大的方差,其中DEA法的均值和方差分别为72%和17%,而参数法的均值和方差则为84%和6%。Bauer等(1998)通过分析683家银行12年的数据也发现了类似的观点，即 DEA 方法所得的效率要低于 SFA 等参数法。Resti（1997）利用 SFA 方法和 DEA 方法对 270 家意大利银行效率的测算结果进行比较，研究发现这两种方法对银行效率的估计结果没有太大的差异。Weill（2004）对法国、德国、意大利、西班牙及瑞士 5 个欧洲地区银行的成本效率进行估计，实证结果显示 SFA 方法所得银行效率的均值要高于 DEA 方法。在比较分析 SFA 方法和 DEA 方法对中国银行效率测算的差异时，许晓雯和时鹏将（2006）通过对 1997～2001 年中国 14 家商业银行的数据进行分析，研究发现 SFA 方法的估计结果为 0.9479，而 DEA 方法的估计结果为 0.6426，因此认为 SFA 方法的测算结果要高于 DEA 方法。

虽然不同学者结合不同国家的银行业数据对 SFA 方法和 DEA 方法的比较给出了相关结论，但所得结果仅依赖于少量文献，这难免有些偏颇，且对同一国家银行业的研究结果也不相同，如 Resti（1997）与 Weill（2004）对意大利银行业的研究结果之间的差异。虽然 Berger 和 Humphrey（1997）根据 SFA 等参数法和 DEA 方法比较了不同文献对美国银行业效率测算的差异，但是其所用方法仅通过简单的均值和方差进行比较分析，而没有通过建立模型对结果做进一步深入研究。因此利用 Meta 回归分析方法，通过收集和整理相关文献，并利用统计和计量方法分析 SFA 方法和 DEA 方法对中国银行业效率估计结果间的差异性问题。

3.1.3 投入产出的选取不同

在确定效率的估计方法后需要进一步对模型中的投入产出变量进行选取，根据 Berger 和 Humphrey（1997）的总结，可将投入产出方法划分为"生产法""中介法""资产法""用户成本法"和"增值法"。

其中，生产法将银行视为贷款和储蓄账户的生产者，其投入项为资本和劳动，且总成本中排除了利息支出，产出项则用一定时期内交易数量来衡量，而基于数据的可获得性，通常利用存款或贷款账户数目的存量数据进行代替。中介法将银行视为对储蓄者和投资者提供金融服务的中介，产出项以货币价值表示，其总成本包括利息支出和总生产成本。生产法和中介法具有各自的优势，生产法在评价分支机构时更具优势，而中介法包含了利息支出项，此项能够占到总成本的 1/2～2/3，因此在评价金融机构的整体效率时更具优势。资产法是中介法的一种变形，贷款和其他资产作为银行的产出项，存款和其他负债作为投入项。用户成本法最先由 Hancock（1986）应用到银行分析中，并认为如果资产的回报率超出其相应的机会成本，则可将此金融商品当作产出，根据此观点可将活期存款当作产出项，而把定期存款当作投入项。然而用户成本法具有不稳定性，可能出现某一金融资产在一段时间内为产出项而在另一段时间为投入项的情况。Berger 和 Humphrey（1992）认为，增值法中负债项目和资产项目均具有产出的特性，对投入项或产出项的识别依赖于增加值的份额，那些具有大幅增值的项目被当作产出项，并将存款和贷款视为产出项，将劳动和资本视为投入项。由此可以看出不同方法对投入产出项的定义存在异同点，其中各种方法均把贷款和其他主要金融资产当作产出项，而争论较持久的是存款到底是应该作为投入项还是产出项进行考虑，中介法和资产法将存款看作生产过程的投入项，生产法和增值法将存款看作产出项，而用户成本法对存款的分析视情况而定。

在对银行业效率进行测算时应用不同的投入产出项会得到不同的测算结果，如石晓军和喻珊（2007）对中国银行业效率估计存在的不一致性进行了检验，研究结果表明银行业效率估计所采用的不同方法并没有导致银行间效率的排序出现差异，而造成排序差异的主要原因在于研究样本时所选择的样本时期长度以及模型结构的差异，即投入产出项选择方面的些许差异会造成估计结果的明显不同。因此，本书利用 Meta 回归分析法分析不同投入项和产出项间的差异对中国银行业效率估计结果的影响。

3.2 Meta 回归分析方法

一般的文献综述通过对以往文献的收集和整理仅仅给出一种定性的描述，并在此基础上加以总结分析，而 Meta 回归分析法是对文献综述的一种定量研究，是对不同研究结果的再分析，此方法通过借助一定的规则对相关文献的实证结果进行收集和整理，并结合统计方法和计量方法对所收集到的实证结果进行定量分析，可以对不同研究结果间的差异问题进行解释，通过对问题全面而系统地进行分析，克服了个体研究者所得研究结果的片面性。

根据 Stanley 和 Jarrell（1989）对 Meta 回归分析方法的研究，其相应的表达式为

$$Y_i = \alpha + \sum_{j=1}^{K} \beta_j X_{ij} + \varepsilon_i \quad i = 1, 2, \cdots, N; j = 1, 2, \cdots, K$$

其中，被解释变量 Y_i 为相关文献中感兴趣的变量，此变量值可以是参数估计值、相关的 t 值或者是用于刻画参数是否显著的虚拟变量。X_{ij} 为相应的解释变量，用于刻画引起 Y_i 变异的相关因素，反映每个实证研究的特征因素，如所选取的数据类型、模型设定方法及变量选取问题等。ε_i 为随机误差项，并假定其服

从正态分布，$\varepsilon_i \sim N(0, \sigma_i^2)$，其中 σ_i^2 为估计值 Y_i 的方差，可由每篇文献提供估计值方差的大小，因此 σ_i^2 为已知。N 为所选取的用于分析的文献个数，K 为解释变量个数。此模型可看作具有固定效应的 Meta 回归分析，即 $Y_i \sim N(\theta_i, \sigma_i^2)$，其中 $\theta_i = X\beta$。与固定效应 Meta 回归分析不同，随机效应 Meta 回归分析认为 θ_i 为一随机变量且 $\theta_i \sim N(X\beta, \tau^2)$，因此 $Y_i \sim N(X\beta, \sigma_i^2 + \tau^2)$，或等价地写为 $Y_i = X\beta + u_i + \varepsilon_i$，其中 $u_i \sim N(0, \tau^2)$，$\varepsilon_i \sim N(0, \sigma_i^2)$，而 u_i 可看作模型的随机效应，随机效应 Meta 回归分析也称混合效应 Meta 回归分析。固定效应 Meta 回归分析的推断为条件推断，其推断建立在所选文献的样本范围内，而随机效应 Meta 回归分析的推断为无条件推断，其推断可超越所选文献的样本范围。

Meta 回归分析法在国内经济领域的应用尚处起步阶段，如王万珺（2010）、张中元和赵国庆（2012）、徐宏毅等（2012）利用 Meta 回归分析法分析外商直接投资对中国的溢出效应的研究；Tian 和 Yu（2012）对中国全要素生产率的 Meta 分析；王雅杰等（2013）利用 Meta 回归分析法对人民币汇率失调程度的研究。现有文献中还没有学者利用 Meta 回归分析法对中国银行业的效率问题进行分析，而国内存在大量的关于对银行效率问题分析的文献且相关结果存在非一致性，这为 Meta 回归分析提供了可行性，因此为了弥补此领域的空白，本书首次将 Meta 回归分析法应用于中国银行业的效率分析问题。

3.3 实证分析

3.3.1 样本选取

为了尽可能保证所选文献的完整性及代表性，将"银行效率""成本效率""利润效率"分别作为主题和关键词在中国知网中进行检索，并将"bank efficiency""cost efficiency""profit efficiency""Chinese commercial bank"在 Google Scholar、JSTOR、Science Direct 及 Wiley Online Library 上进行检索，所选文章的发表年份为 2003～2014 年，数据来源于相关的国内外期刊、会议论文及硕士和博士论文。经筛选及整理后得到有关中国银行业成本效率的文献 83 篇，其中中文文献 73 篇，英文文献 10 篇；有关中国银行业利润效率的文献 42 篇，其中中文文献 35 篇，英文文献 7 篇。在收集和整理文献时发现，同一篇文章会利用同一种估计方法分别给出银行成本效率和利润效率的估计值，或者同时利用 DEA 方法和 SFA

方法对成本效率或利润效率进行测算，在此种情况下将所得估计结果作为 2 篇文献加以对待，因此研究成本效率的样本量为 98，而研究利润效率的样本量为 53。引用文献发表时间、出处、作者、文献题目及引用次数可参见附录 A。

3.3.2 变量选取

（1）被解释变量。本书所选取的被解释变量为银行成本效率和利润效率的估计值，估计结果由 SFA 方法和 DEA 方法测得，由于有的文献仅给出每个银行每年的效率估计值，而没有给出银行业效率的整体水平，因此将同一篇文献内所有银行每年的效率估计值加以平均，以此方法得到银行业效率的整体水平。

（2）解释变量。本书除了考虑不同的估计方法和投入产出项的具体设定对银行效率估计结果的影响外，还考虑每篇文献发表的年份、样本的时间长度、文献种类、所研究的银行个数、投入项个数和产出项个数对银行效率估计结果的影响，其中 year 为文章发表的年份，如果是 2003 年发表的文章，则 year 的值为 1，如果是 2004 年发表的文章，则 year 的值为 2，以此类推，如果是 2014 年发表的文章，则 year 的值为 12；sy 用于刻画文献中对银行效率估计的时间跨度；class 用于刻画文献的种类，如果文献是中文文献，则 class 的值为 1，否则为 0；method 用于刻画文献中估计银行效率的方法，如果所用方法为 SFA 法，则 method 的值为 1，如果所用方法为 DEA，则 method 的值为 0；num 用于刻画估计银行效率时所选的银行个数；input 用于刻画投入项的个数；output 用于刻画产出项的个数。考虑到即使文献中投入项和产出项的个数相同，但对投入项和产出项具体内容的不同选择也可能导致银行效率估计结果存在异质性问题，因此需进一步对投入项和产出项的具体内容进行刻画，通过整理相关的文献发现大多数文章将固定资产、劳动和可贷资金作为银行的投入项，因此用 din 刻画文献投入项的不同选取，如果投入项包含固定资产、劳动和可贷资金，则 din 值为 1，否则 din 值为 0；相比投入项的选取，产出项的选取范围较大，其中 loan 用于刻画产出项中是否包含贷款，如包含，则其值为 1，否则为 0；odeposit 用于刻画产出项是否包含存款，如包含，则其值为 1，否则为 0；profit 用于刻画产出项是否包含税前利润，如包含，则其值为 1，否则为 0；income 用于刻画产出项是否包含利息收入，如包含，则其值为 1，否则为 0；noincome 用于刻画产出项是否包含非利息收入，如包含，则其值为 1，否则为 0；invest 用于刻画产出项是否包含投资，如包含，则其值为 1，否则为 0。

3.3.3 中国银行业效率测量结果的异质性检验

在对银行效率测算结果异质性原因进行分析之前需先对其异质性进行检验，如不存在异质性，则说明所选取文献对银行效率的测算结果没有差异，因此不需要考虑异质性问题对效率测算结果的影响；如果检验结果存在异质性，则需进一步对此异质性产生的原因进行分析。

通常对测量结果异质性的检验统计量有 3 种，其一为 Cochran 的 Q 统计量，该统计量刻画了 Y_i 偏离总体均值的加权平方和，可将 Q 统计量定义为 $Q=\sum_i w_i (Y_i-\bar{Y})^2$，其中 w_i 为权重，$\bar{Y}=\dfrac{\sum w_i Y_i}{\sum w_i}$，当模型为固定效应模型时，$w_i=\dfrac{1}{\sigma_i^2}$，当模型为随机效应模型时，$w_i=\dfrac{1}{\sigma_i^2+\tau^2}$。Q 统计量服从自由度为 N−1 的 χ^2 分布，其中 N 为文献个数，其原假设为各篇文献之间的测量结果没有异质性，即 $Y_1=Y_2=\cdots=Y_N$。当 Q 统计量的值大于相应临界值时就拒绝原假设，即各篇文献的测量结果之间存在显著的异质性问题。然而 Q 统计量在检验异质性问题时往往有较低的功效，特别是样本比较少的情况下此问题尤为严重。其二为 I^2 统计量，针对 Q 统计量存在的问题，Higgins 等（2002）利用 I^2 统计量来检验异质性，I^2 统计量刻画了由异质性问题所导致的文献间总变异的百分比，可将其定义为 $I^2=100\%\times(Q-df)/Q$，其中 Q 为 Cochran 的异质性检验统计量，df 为自由度 (N−1)，当 Q<N−1 时将 I^2 设为 0，于是 $0<I^2<100\%$，当 $I^2=0$ 时表明没有异质性问题，而 I^2 的值越大表明异质性的程度越强，Higgins 等（2003）认为，当 $I^2<25\%$ 时，异质性的程度较低，当 $25\%<I^2<50\%$ 时，存在中等程度的异质性，当 $I^2>50\%$ 时，则表明存在较高的异质性问题。其三为 H^2 统计量，此统计量是对 Q 统计量进行自由度修正后得出的，即 $H^2=\dfrac{Q}{N-1}=\dfrac{1}{1-I^2}$，因此 H^2 统计量的值可按照 I^2 的取值范围来判断异质性程度，当 $H^2=1$ 时表明没有异质性问题；当 $1<H^2<1.3$ 时存在较低程度的异质性；当 $1.3<H^2<2$ 时存在中等程度的异质性；而当 $H^2>2$ 时则存在较高程度的异质性。这 3 种检验统计量对中国银行业成本效率和利润效率测算结果的异质性检验如表 3-1 所示。

表 3-1 成本效率和利润效率测算结果的异质性检验

	成本效率	利润效率
Q	7811.40	1046.44
I^2	98.69%	94.94%
H^2	76.33	19.76

其中，成本效率与利润效率的 Q 统计量所对应的 P 值分别为 0.0000 和 0.0000。从表 3-1 的检验结果可以看出，成本效率与利润效率的 I^2 均大于 50%，H^2 均大于 2，这表明样本范围内的文献对中国银行业成本效率与利润效率的测算结果有较强的异质性。

3.3.4 Meta 回归分析

本书进一步对银行效率测算结果产生异质性的原因进行分析，通过前文所选的自变量对效率测算结果做回归，并根据回归结果来判断所选自变量是否能够很好地解释异质性的存在。本书对回归模型的估计方法为方差加权最小二乘法（VWLS），其中权重为每篇文献对效率测算值所得方差的倒数，即 $w_i=1/\sigma_i^2$，因此如果文献对效率测算结果具有较大的方差，则赋予其较小的权重，如果文献对效率测算结果具有较小的方差，则赋予其较大的权重，此方法可提高估计的精度。为了便于比较，同时给出 OLS 方法的估计结果。模型估计结果如表 3-2 所示。

表 3-2　模型估计结果

	成本效率		利润效率	
	OLS	VWLS	OLS	VWLS
year	0.0123** (0.0059)	0.0073*** (0.0011)	0.0148 (0.0110)	0.0154*** (0.0034)
sy	0.0031 (0.0052)	0.0055*** (0.0011)	−0.0143* (0.0081)	−0.0147*** (0.0032)
num	−0.0003 (0.0009)	−0.0009*** (0.0001)	0.0010 (0.0007)	0.0014*** (0.0002)
method	0.0248 (0.0377)	0.0090 (0.0091)	0.0367 (0.0623)	−0.0897*** (0.0196)
input	0.0207 (0.0461)	0.0609*** (0.0100)	−0.0154 (0.0818)	−0.2223*** (0.0305)
output	−0.0020 (0.0396)	0.0288*** (0.0089)	−0.0770 (0.0650)	−0.2236*** (0.0238)
din	−0.0447 (0.0439)	−0.1306*** (0.0093)	−0.0282 (0.0905)	0.0267 (0.0307)
loan	0.0648 (0.0718)	0.04592*** (0.0134)	0.1972 (0.1196)	0.4783*** (0.0476)
odeposit	−0.0425 (0.0532)	−0.0640*** (0.0113)	0.0957 (0.0863)	0.2306*** (0.0390)
profit	−0.0267 (0.0553)	0.0172 (0.1183)	0.0269 (0.0992)	0.3017*** (0.0418)

续表

	成本效率		利润效率	
	OLS	VWLS	OLS	VWLS
income	0.1054 (0.0713)	−0.0594*** (0.0147)	0.1005 (0.1353)	0.2345*** (0.0550)
nonincome	−0.0522 (0.0501)	0.0417*** (0.0109)	0.1102 (0.0820)	0.0860*** (0.0325)
invest	0.0579 (0.0538)	−0.0460*** (0.0106)	0.0296 (0.0834)	0.1143*** (0.0349)
class	0.0583 (0.0558)	0.0609*** (0.0204)	0.0747 (0.0736)	0.1885*** (0.0295)
截距	0.5264*** (0.1635)	0.5135*** (0.0363)	0.5742** (0.2678)	1.0653*** (0.0899)

注：括号内为系数的标准差，*、**、*** 分别表示 10%、5% 和 1% 的显著性水平。

从表 3-2 的估计结果中可以看出利用 VWLS 方法所得的系数方差均小于 OLS 方法，即 VWLS 方法的有效性要优于 OLS 方法。VWLS 方法的估计结果显示文献的发表年份 year 对中国银行业成本效率和利润效率的测算均有正影响，且此影响均统计上显著，即近期发表的文章所测算的成本效率和利润效率要高于以前年份的测算结果，可将此现象归结为中国金融体制改革的不断完善以及行业内竞争趋于激烈导致中国银行业的成本效率和利润效率均存在逐步提高的过程。每篇文献的样本时间范围 sy 对成本效率有显著的正影响，而对利润效率则有显著的负影响，产生此现象的可能原因是成本效率在样本期内有较明显的提升，从而导致其随着样本时间范围的增加而增加，而利润效率在样本期内的提升不明显，从而导致其随着样本时间范围的增加而减少。样本所选取的银行个数 num 对成本效率有显著的负影响，对利润具有显著的正影响，即样本所分析的银行个数越多，则测算的成本效率越低，而利润效率越高，产生此现象的可能原因是所分析的文献一般会包含 14 家大型商业银行，包含城市商业银行的文献相对而言比较少，因此如果文献中包含的银行个数越多，则意味着其所包含的城市商业银行的个数越多，而城市商业银行在成本管理方面要劣于大型商业银行，从而导致成本效率随着所分析的银行个数的增加而减少的现象，同时城市商业银行大部分没有上市且其面临的监管要弱于大型商业银行，因此其较大型银行而言可以通过高风险的行为来换取较高的报酬，从而导致利润效率随着所分析的银行个数的增加而增加的现象。估计方法 method 对成本效率的估计有正影响，即利用 SFA 方法所估计的成本效率要高于 DEA 方法，但是这种差异在统计上并不显著，而利用 SFA 方法估计的利润效率要低于 DEA 方法，且这种差异在统计上显著。投入个数

input 和产出个数 output 均对成本效率有显著的正影响,即随着投入个数的增加或产出个数的增加,银行的成本效率会相应地上升,而投入个数和产出个数均对利润效率有显著的负影响,即随着投入个数的增加或产出个数的增加,银行的利润效率会相应地降低。投入项不同的选择 din 对成本效率具有显著的负影响,而对利润效率具有正的影响,但是此影响并不显著。此外,产出项的不同选取也会造成成本效率和利润效率估计的显著差异,如在估计成本效率时,产出项中包含贷款、税前利润、非利息收入的效率估计值均高于不包含时的效率估计值;包含存款、利息收入和投资时的效率估计值要低于不包含时的效率估计值;在估计利润效率时,产出项中包含贷款、存款、税前利润、利息收入、非利息收入和投资时的效率估计值均高于不包含时的效率估计值。估计结果还表明国内文献对中国银行业成本效率和利润效率的估计结果均显著高于外文文献的估计结果。

3.3.5 偏倚检验

Meta 回归分析假设样本内包含的每一篇文献的发表过程属于随机事件,即每篇文献发表的机会是均等的,然而由于选择偏倚等原因,如发表偏倚、语言偏倚、引用偏倚所造成的具有统计上显著的研究结果比不显著的研究结果更容易或更快地发表,从而导致文献的发表过程不再是随机事件。当出现偏倚问题时,Meta 回归分析结果的可信度会降低并导致研究的过度评价。

针对偏倚问题,可根据漏斗图(funnel plot)进行判断,其横轴为每篇文献的相关估计值,纵轴为此估计值的标准差,样本精度较小的研究广泛分布在图形底部,而随着样本精度的增加分布逐渐集中,当不存在偏倚问题时图形呈对称分布,当存在偏倚时图形呈非对称分布,因此可通过观察漏斗图是否呈对称分布来判断偏倚问题。然而,漏斗图对偏倚的判断具有一定的主观性,可借助 Egger 等(1997)提出的线性回归方法对非对称性进行检验,Egger 等认为,此方法检验的功效要高于 Begg 和 Mazumdar(1994)所提出的秩相关检验。其线性回归方程为

$$\frac{\theta_i}{\sigma_i} = \gamma_0 + \gamma_1 \frac{1}{\sigma_i} + e_i$$

其中,θ_i 为每篇文献中相应的估计值,σ_i 为与之对应的标准差。对漏斗图的非对称性问题可根据 γ_0 是否显著地异于 0 进行检验,相应的检验统计量为 t 统计量,当 γ_0 显著地异于 0 时表明存在偏倚问题,当 γ_0 不显著地异于 0 时则表明不存在偏倚问题。为了判断偏倚问题是否存在,同时给出成本效率和利润效率的漏斗图以及 Egger 检验结果。

3 中国银行业效率影响因素的 Meta 回归分析

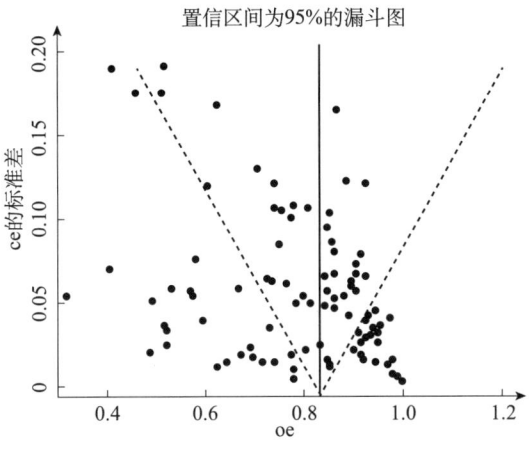

图 3-1 成本效率漏斗图

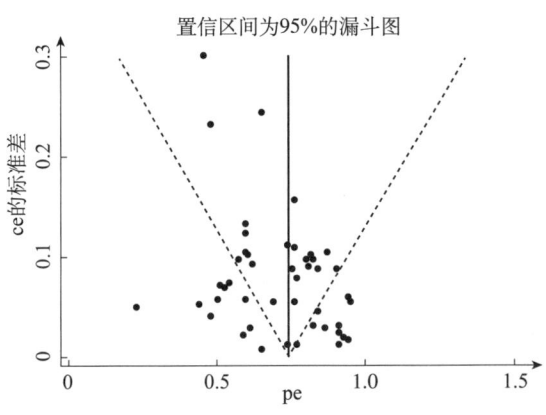

图 3-2 利润效率漏斗图

表 3-3 Egger 方法检验结果

	成本效率		利润效率	
	系数	标准差	系数	标准差
γ_1	0.8523***	0.0185	0.7526***	0.0263
γ_0	-1.1749	0.8260	-0.3368	0.8536

注：*、**、*** 分别表示 10%、5% 和 1% 的显著性水平。

如图 3-1 和图 3-2 所示，成本效率的漏斗图具有一定程度的对称性，而利润效率的漏斗图具有较明显的对称性。进一步根据表 3-3 的检验结果可知，成本效率的截距项在与利润效率的截距项在统计上均不显著，表明对成本效率与利润效率的 Meta 回归分析均不存在偏倚问题，因此 Meta 回归分析结果具有一定的可信性。

3.4 本章小结

本书利用 Meta 回归分析法，通过对大量文献的收集和整理，全面而系统地分析了中国银行业效率测算结果的影响因素。通过异质性检验对中国银行业成本效率与利润效率的测算结果进行分析，研究发现成本效率与利润效率的测算结果均存在异质性问题。进一步对产生异质性问题的原因进行 Meta 回归分析，研究发现文献发表年份、文献所选的时间范围及银行个数、投入产出的个数、不同投入项与产出项的选取、文献种类均会导致成本效率的测算存在差异，估计方法的选择对成本效率测算差异的影响并不显著；而文献发表年份、文献所选的时间范围及银行个数、估计方法的选择、产出个数、不同投入项与产出项的选取、文献种类均会导致利润效率的测算存在差异，而投入项的差异对利润效率测算差异的影响不显著。为了保证分析结果的可靠性，进一步对偏倚问题进行分析，研究结果表明对成本效率与利润效率的 Meta 回归分析均不存在偏倚问题，因此所得分析结果具有一定的可信性。

本章首先从效率的选择、估计方法的选择、投入产出项指标的选取等方面对银行效率测算结果的异质性问题进行初探，而下文将进一步考虑在给定样本范围、效率选择以及投入产出指标均相同的情况下，在 SFA 类模型中不同模型的选择是否会对银行效率估计结果产生非一致性，如果存在非一致性，那么此非一致性是否会影响到银行效率的排名情况。

4 银行效率估计的理论与方法

对效率进行估计的方法一般可分为两类：第一类为财务指标分析方法，此方法可根据银行的盈利能力、资本充足率、资产质量、风险管理等财务指标对银行效率进行分析，其优点是简单易懂，而缺点是每个指标仅反映个体活动的某一方面，不能全面地反映银行的各种活动，有时分析结果会存在相互矛盾的现象，此方法对规模报酬不变的假定有时也很难满足，虽然财务指标分析方法对个体的具体方面能够提供有用的信息，但是对无效个体不能提供一个改善目标。第二类为前沿效率分析法，其优点是能够在复杂的运行环境中利用经济最优系统提供可观的效率得分，用单一的统计量概括表现行为；能根据技术、规模、成本最小以及收入和利润最大化来评价表现行为；能鉴定运行区域最需改善的地方，建立未来发展策略。前沿分析方法又包括非参数方法和参数方法。

非参数方法中又分为数据包络分析方法（DEA）和无边界分析方法（FDH），其中运用较多的为 DEA 方法，FDH 方法对银行效率的分析在现阶段应用得还相对较少。Charnes、Cooper 和 Rhodes（1978）首次提出 DEA 方法，此方法从线性规划的角度构建观测数据的前沿面并相对此前沿面来计算效率，如果测算结果恰好落在此前沿面上，则说明个体是有效的，如果测算结果落在前沿面下方，则说明个体是无效的，且假定个体均在最优规模条件下经营，即假定规模报酬不变（CRS）。此后，Färe、Grosskopf 和 Logan（1983）及 Banker、Charnes 和 Cooper（1984）认为，不完全竞争及政府管制等因素导致个体不能在最优规模处经营，因此对 CRS 条件进行放松，并在规模报酬可变（VRS）的条件下对个体效率进行估计。然而无论是用 CRS 模型进行效率测算，还是用 VRS 模型进行效率测算，均可能出现众多个体效率值为 1 的情况，从而导致无法对这些个体进行比较，Anderson 和 Peterson（1993）提出超效率方法来解决这一问题。DEA 方法的主要优点是不需要对投入和产出之间设定特殊的函数形式，能够处理多投入多产出的效率测算问题，除了能对技术效率进行估计外，还能进一步将技术效率分解为纯技术效率、规模效率和配置效率，从而更全面地对个体效率情况进行评价；其主要缺点为忽略了测量误差及其他噪声项对效率的影响,不能对估计结果进行统计推断。

参数方法中包括随机前沿方法(SFA)、自由分布方法(DFA)和厚尾前沿方法(TFA)。参数方法通常会给出投入产出之间具体的函数形式,如常用的柯布—道格拉斯生产函数、超越对数生产函数和傅立叶生产函数,并将模型中加入误差项进行考虑,且有时会对误差项的分布做一定的假设。参数方法的优点在于其考虑了随机误差项对个体效率的影响,且能够对所估计的参数进行统计推断,因此在一定程度上能够解决非参数方法的缺点,但是参数方法对投入产出之间的关系做出了较强的函数形式,如果真实的生产函数形式与假设不符,则会对个体效率估计结果产生影响,从而得出错误的结论。

银行具体运行情况一直被视为一个"黑箱"过程,外界对银行真实效率水平也所知甚少,因此对到底是采用非参数方法还是参数方法进行估计目前还没有统一的定论。而考虑到对数据的收集可能存在一定的测量误差,且一些随机因素(如2008年金融危机的爆发)会对银行的效率产生一定的影响,而非参数方法并没有对上述问题进行考虑,因此主要选取参数方法对中国银行业的效率进行测算。

本章具体结构如下:第一节主要介绍随机前沿方法及其误差分布情况;第二节将模型扩展到面板模型,讨论面板随机前沿模型的估计方法,其中包括极大似然法、固定效应模型和随机效应模型;第三节进一步将面板模型扩展到时变技术效应模型;第四节介绍了模型平均法及其权重估计问题;第五节给出本章小结。

4.1 随机前沿方法

技术效率的测算模型可追溯到确定性前沿生产函数模型,其将技术无效性表示为真实产出与可行的最大产出之间的差值,但此模型存在一个缺点,即把真实产出与可行的最大产出之间的差值全部解释为技术无效性,从而忽略了生产过程中的随机因素对产出的影响。也就是说,不能将随机误差项从无效率项中分离,从而导致对效率的估计存在偏差。Aigner、Lovell和Schmidt(1977)及Meeusen和Van den Broeck(1977)在确定性前沿生产函数的基础上分别提出了随机前沿生产函数方法,此方法不仅考虑了技术无效项,而且还考虑了随机误差项对生产函数的影响,能够将随机误差项从无效率项中分离出来。其模型表达式为

$$y_i = f(x_i;\beta) \cdot \exp\{v_i - u_i\} \qquad (4-1)$$

其中，$i=1, 2, \cdots, N$ 为个体个数，y_i 为 $N \times 1$ 的产出项，x_i 为 $N \times K$ 的投入项，β 为 $K \times 1$ 的参数向量，v_i 为代表随机因素的误差项，而 u_i 为技术无效项，且要求 $u_i \geqslant 0$。因此能够得出技术效率的估计值为

$$TE_i = \exp\{-u_i\} = \frac{y_i}{f(x_i;\beta) \cdot \exp\{v_i\}} \qquad (4-2)$$

由式（4-2）可以看出，对效率的估计取决于如何估计 u_i 的值。针对此问题，可通过极大似然方法（MLE）进行估计，在进行估计之前需要对随机误差项 v_i 及 u_i 的分布做出假设。

4.1.1 正态—半正态模型

此模型假定 $v_i \sim iidN(0,\sigma_v^2)$，$u_i \sim iidN^+(0,\sigma_u^2)$，即服从非负的半正态分布，还要求 v_i 与 u_i 之间的独立性，且两者均与自变量无关。因此可以得到相应的概率密度函数（PDF），即

$$f(u) = \frac{2}{\sqrt{2\pi}\sigma_u} \cdot \exp\left\{-\frac{u^2}{2\sigma_u^2}\right\} \qquad (4-3)$$

$$f(v) = \frac{1}{\sqrt{2\pi}\sigma_v} \cdot \exp\left\{-\frac{v^2}{2\sigma_v^2}\right\} \qquad (4-4)$$

又由于假定 v 和 u 独立，因此可得相应的联合密度函数为

$$f(u,v) = \frac{2}{2\pi\sigma_u\sigma_v} \cdot \exp\left\{-\frac{u^2}{2\sigma_u^2} - \frac{v^2}{2\sigma_v^2}\right\} \qquad (4-5)$$

由表达式 $\varepsilon = v - u$ 可知 u 和 ε 的联合密度为

$$f(u,\varepsilon) = \frac{2}{2\pi\sigma_u\sigma_v} \cdot \exp\left\{-\frac{u^2}{2\sigma_u^2} - \frac{(\varepsilon+u)^2}{2\sigma_v^2}\right\} \qquad (4-6)$$

对式（4-6）求 u 的积分可得 ε 的边际密度函数为

$$\begin{aligned}
f(\varepsilon) &= \int_0^\infty f(u,\varepsilon)du \\
&= \frac{2}{\sqrt{2\pi}\sigma} \cdot \left[1 - \Phi\left(\frac{\varepsilon\lambda}{\sigma}\right)\right] \cdot \exp\left\{-\frac{\varepsilon^2}{2\sigma^2}\right\} \\
&= \frac{2}{\sigma} \cdot \varphi\left(\frac{\varepsilon}{\sigma}\right) \cdot \Phi\left(-\frac{\varepsilon\lambda}{\sigma}\right)
\end{aligned} \qquad (4-7)$$

其中，$\sigma = (\sigma_u^2 + \sigma_v^2)^{1/2}$，$\lambda = \sigma_u/\sigma_v$，$\Phi(\cdot)$ 为标准正态累计分布函数，$\varphi(\cdot)$ 为标准正态概率密度函数。λ 决定了无效率项和随机误差项在模型中的贡献程度，当 $\lambda \to 0$ 时，随机误差项占主导地位，因此可认为不存在无效率项的确定性前沿模型，可利用 OLS 方法对此问题进行估计；而当 $\lambda \to \infty$ 时，无效率项占主导地位，

所得模型为随机前沿生产函数模型。针对模型是否为随机前沿生产函数，可对 $\lambda=0$ 进行似然比检验，当拒绝原假设时，模型为随机前沿生产函数，当不拒绝原假设时，模型为确定性前沿生产函数。

在得到式（4-7）后，可构造对数似然函数对参数进行估计，其相应的对数似然函数为

$$\ln L = 常数 - N\ln\sigma + \sum_i \ln\Phi\left(-\frac{\varepsilon_i \lambda}{\sigma}\right) - \frac{1}{2\sigma^2}\sum_i \varepsilon_i^2 \quad (4-8)$$

其中，$\varepsilon_i = v_i - u_i = \ln y_i - \ln f(x_i;\beta)$。对式（4-8）分别求 β、σ_u、σ_v 的一阶导数并令其为 0 可得相应的参数估计值，从而可得 ε_i 的估计值。如何进一步从 ε_i 的估计值中分离出 u_i 的估计值，Jondrow 等（1982）认为，如果 u_i 服从 $N^+(0,\sigma_u^2)$，则可求得在 ε 已知时 u 的条件分布为

$$f(u \mid \varepsilon) = \frac{f(u,\varepsilon)}{f(\varepsilon)}$$

$$= \frac{1}{\sqrt{2\pi}\sigma_*} \cdot \exp\left\{-\frac{(u-\mu_*)^2}{2\sigma_*^2}\right\} \Big/ \left[1 - \Phi\left(-\frac{\mu_*}{\sigma_*}\right)\right] \quad (4-9)$$

其中，$\mu_* = -\varepsilon\sigma_u^2/\sigma^2$，$\sigma_*^2 = \sigma_u^2\sigma_v^2/\sigma^2$。由于 $f(u \mid \varepsilon)$ 服从 $N^+(\mu_*,\sigma_*^2)$ 分布，所以可对式（4-9）求数学期望从而得到 u_i 的点估计值，相应的期望为

$$E(u_i \mid \varepsilon_i) = \mu_{*i} + \sigma_* \left[\frac{\varphi(-\mu_{*i}/\sigma_*)}{1-\Phi(-\mu_{*i}/\sigma_*)}\right]$$

$$= \sigma_* \left[\frac{\varphi(\varepsilon_i\lambda/\sigma)}{1-\Phi(\varepsilon_i\lambda/\sigma)} - \frac{\varepsilon_i\lambda}{\sigma}\right] \quad (4-10)$$

从式（4-10）中可以得到 u_i 的估计值，从而可对技术效率进行估计，即

$$TE_i = \exp(-\hat{u}_i) \quad (4-11)$$

Battese 和 Coelli（1988）认为 $\exp\{-E(u_i \mid \varepsilon_i)\} \neq E[\exp\{-u_i \mid \varepsilon_i\}]$，因此提出另一种估计技术效率的方法，即

$$TE_i = E[\exp\{-u_i \mid \varepsilon_i\}]$$

$$= \left[\frac{1-\Phi(\sigma_* - \mu_{*i}/\sigma_*)}{1-\Phi(-\mu_{*i}/\sigma_*)}\right] \cdot \exp\left\{-\mu_{*i} + \frac{1}{2}\sigma_*^2\right\} \quad (4-12)$$

4.1.2 正态—截尾正态模型

Stevenson（1980）将无效率项 u 的分布设为截尾正态分布，即 $u_i \sim iid N^+(\mu, \sigma_u^2)$，其他假设均与正态—半正态模型的假设相同。因此无效率项 u 的概率密度函数可表示为

$$f(u) = \frac{1}{\sqrt{2\pi}\sigma_u \Phi(\mu/\sigma_u)} \cdot \exp\left\{-\frac{(u-\mu)^2}{2\sigma_u^2}\right\} \quad (4-13)$$

而 u 和 v 的联合概率密度变为

$$f(u,v) = \frac{1}{2\pi\sigma_u \sigma_v \Phi(\mu/\sigma_u)} \cdot \exp\left\{-\frac{(u-\mu)^2}{2\sigma_u^2} - \frac{v^2}{2\sigma_v^2}\right\} \quad (4-14)$$

进一步可得到 u 和 ε 的联合概率密度为

$$f(u,\varepsilon) = \frac{1}{2\pi\sigma_u \sigma_v \Phi(\mu/\sigma_u)} \cdot \exp\left\{-\frac{(u-\mu)^2}{2\sigma_u^2} - \frac{(\varepsilon+u)^2}{2\sigma_v^2}\right\} \quad (4-15)$$

对式（4-15）求 u 的积分可得 ε 的边际密度为

$$f(\varepsilon) = \int_0^\infty f(u,\varepsilon) du$$

$$= \frac{1}{\sqrt{2\pi}\sigma \Phi(\mu/\sigma_u)} \cdot \Phi\left(\frac{\mu}{\sigma\lambda} - \frac{\varepsilon\lambda}{\sigma}\right) \cdot \exp\left\{-\frac{(\varepsilon+\mu)^2}{2\sigma^2}\right\}$$

$$= \frac{1}{\sigma} \cdot \varphi\left(\frac{\varepsilon+\mu}{\sigma}\right) \cdot \Phi\left(\frac{\mu}{\sigma\lambda} - \frac{\varepsilon\lambda}{\sigma}\right) \cdot \left[\Phi\left(\frac{\mu}{\sigma_u}\right)\right]^{-1} \quad (4-16)$$

根据式（4-16）可构造相应的对数似然函数，即

$$\ln L = 常数 - N\ln\sigma - N\ln\Phi\left(\frac{\mu}{\sigma_u}\right) + \sum_i \ln\Phi\left(\frac{\mu}{\sigma\lambda} - \frac{\varepsilon_i\lambda}{\sigma}\right) - \frac{1}{2}\sum_i \left(\frac{\varepsilon_i+\mu}{\sigma}\right)^2 \quad (4-17)$$

其中，$\sigma_u = \lambda\sigma/\sqrt{1+\lambda^2}$。对式（4-17）分别求 β、μ、σ_u、σ_v 的一阶导数并令其为 0 可得参数的极大似然估计值。对 u 的求法类似于正态—半正态模型，即需先构造 u 的条件分布，即

$$f(u \mid \varepsilon) = \frac{f(u,\varepsilon)}{f(\varepsilon)}$$

$$= \frac{1}{\sqrt{2\pi}\sigma_* [1-\Phi(-\widetilde{\mu}/\sigma_*)]} \cdot \exp\left\{-\frac{(u-\widetilde{\mu})^2}{2\sigma_*^2}\right\} \quad (4-18)$$

其中，$f(u \mid \varepsilon)$ 服从 $N^+(\widetilde{\mu}_i, \sigma_*^2)$ 分布，$\widetilde{\mu}_i = (-\sigma_u^2 \varepsilon_i + \mu\sigma_v^2)/\sigma^2$，$\sigma_*^2 = \sigma_u^2 \sigma_v^2 / \sigma^2$。对式（4-18）求期望可得到 u_i 的估计值为

$$E(u_i \mid \varepsilon_i) = \sigma_* \left[\frac{\widetilde{\mu}_i}{\sigma_*} + \frac{\varphi(\widetilde{\mu}_i/\sigma_*)}{1-\Phi(-\widetilde{\mu}_i/\sigma_*)}\right] \quad (4-19)$$

因此效率估计值可将式（4-19）代入式（4-11）求出，或者根据 Battese 和 Coelli 的方法求得，即

$$TE_i = E[\exp\{-u_i \mid \varepsilon_i\}]$$

$$= \frac{1-\Phi[\sigma_* - (\widetilde{\mu}_i/\sigma_*)]}{1-\Phi(-\widetilde{\mu}_i/\sigma_*)} \cdot \exp\left\{-\widetilde{\mu}_i + \frac{1}{2}\sigma_*^2\right\} \quad (4-20)$$

4.1.3 正态—指数模型

此模型由 Aigner、Lovell 和 Schmidt（1977）及 Meeusen 和 Van den Broeck（1977）提出，该模型假设 u 服从指数分布，即 $u_i \sim iid$ 指数分布，其他条件与正态—半正态模型相同。因此 u 的概率密度函数为

$$f(u) = \frac{1}{\sigma_u} \cdot \exp\left\{-\frac{u}{\sigma_u}\right\} \tag{4-21}$$

u 和 v 的联合概率密度函数为

$$f(u,v) = \frac{1}{\sqrt{2\pi}\sigma_u\sigma_v} \cdot \exp\left\{-\frac{u}{\sigma_u} - \frac{v^2}{2\sigma_v^2}\right\} \tag{4-22}$$

由此可得 u 和 ε 的联合概率密度函数为

$$f(u,\varepsilon) = \frac{1}{\sqrt{2\pi}\sigma_u\sigma_v} \cdot \exp\left\{-\frac{u}{\sigma_u} - \frac{(u+\varepsilon)^2}{2\sigma_v^2}\right\} \tag{4-23}$$

对式（4-23）求 u 的积分可得 ε 的边际密度函数为

$$\begin{aligned}f(\varepsilon) &= \int_0^\infty f(u,\varepsilon)du \\ &= \left(\frac{1}{\sigma_u}\right) \cdot \Phi\left(-\frac{\varepsilon}{\sigma_v} - \frac{\sigma_v}{\sigma_u}\right) \cdot \exp\left\{\frac{\varepsilon}{\sigma_u} + \frac{\sigma_v^2}{2\sigma_u^2}\right\}\end{aligned} \tag{4-24}$$

根据式（4-24）可以得出相应的对数似然函数为

$$\ln L = 常数 - N\ln\sigma_u + N\left(\frac{\sigma_v^2}{2\sigma_u^2}\right) + \sum_i \ln\Phi(-A) + \sum_i \frac{\varepsilon_i}{\sigma_u} \tag{4-25}$$

其中，$A = -\tilde{\mu}/\sigma_v, \tilde{\mu} = -\varepsilon - (\sigma_v^2/\sigma_u)$。对式（4-25）最大化可求得相应的参数估计值。而欲求 u，则需构造 u 的条件密度函数，即

$$f(u|\varepsilon) = \frac{f(u,\varepsilon)}{f(\varepsilon)} = \frac{1}{\sqrt{2\pi}\sigma_v\Phi(-\tilde{\mu}/\sigma_v)} \cdot \exp\left\{-\frac{(u-\tilde{\mu})^2}{2\sigma^2}\right\} \tag{4-26}$$

对式（4-26）求期望可得 u 的估计值为

$$E(u_i|\varepsilon_i) = \tilde{\mu}_i + \sigma_v\left[\frac{\varphi(-\tilde{\mu}_i/\sigma_v)}{\Phi(\tilde{\mu}_i/\sigma_v)}\right] = \sigma_v\left[\frac{\varphi(A)}{\Phi(-A)} - A\right] \tag{4-27}$$

类似于正态—指数模型的假定，Greene（1980、1990），Stevenson（1980），Beckers 和 Hammond（1987）等假定无效率项服从 Gamma 分布，此分布具有相当大的灵活性，可根据不同的形状参数得到不同密度函数，如指数分布、正态分布等。然而尽管在理论上存在优越性，但是 Ritter 和 Simar（1997）认为正态—Gamma 模型中的参数很难得到精确的估计，且需要大量的观测值（通常样本量需要达到上千）才能估计出 Gamma 分布中的形状参数。因此在实际应用中对误差项的分布假设较少用到 Gamma 分布。

上述方法适用于横截面数据，但在进行参数估计时会遇到下述问题：第一，对技术无效性的估计是非一致的，以整个误差项为条件所估计出的技术无效分布的方差并不会随着样本量的增大而消失。第二，需要对技术无效项及噪声项的分布做出假设，如假设无效项的分布为半正态分布，而噪声项的分布为正态分布，从而无法得知所做的假设对结果是否具有稳健性。第三，对技术无效项与回归元无关的假设也许是不合适的，因为如果个体知道其无效率水平，则会改变相应的投入，从而导致两者之间存在相关关系。而当使用面板数据进行估计时，上述问题可以避免。如随着时间 T 趋于无穷，可以得到技术无效的一致估计，且在进行估计时面板数据不需要很强的分布假设，也不用对技术无效性与回归元无关做出假设。因此可将横截面随机前沿模型扩展到面板随机前沿模型进行估计。

4.2 面板随机前沿方法

面板随机前沿方法中估计参数的方法一般采用的是极大似然估计，即事先对随机误差项和无效率项的分布形式做出假设，然后通过构造对数似然函数并使其最大化，从而得出参数估计值，此方法与横截面随机前沿方法类似。而另一类方法是从面板数据模型的角度对此问题进行分析，可通过固定效应模型和随机效应模型对技术无效项进行估计。考虑如下模型：

$$y_{it} = f(x_{it};\beta) \cdot \exp\{v_{it} - u_i\} \quad (4-28)$$

其中，u_i 为大于等于 0 的无效率项，v_{it} 为随机误差项，与横截面数据不同的是除无效率项外其他变量均具有时间下角标 t。下面将具体介绍无效率项的估计方法。

4.2.1 极大似然估计方法

同横截面随机前沿方法一样，在进行极大似然估计时需先对随机误差项和无效率项的分布做出假设，即 $v_{it} \sim iidN(0,\sigma_v^2)$，$u_i \sim iidN^+(0,\sigma_u^2)$，以及 u_i 和 v_{it} 独立分布，且均与自变量无关。由此可得 v 的概率密度函数为

$$f(\nu) = \frac{1}{(2\pi)^{T/2}\sigma_v^T} \cdot \exp\left\{\frac{-\nu'\nu}{2\sigma_v^2}\right\} \quad (4-29)$$

其中，$\nu = (v_1, v_2, \cdots, v_T)'$。当 u 和 v 独立时可得到相应的联合概率密度函数，即

$$f(u,v) = \frac{2}{(2\pi)^{(T+1)/2}\sigma_u\sigma_v^T} \cdot \exp\left\{-\frac{u^2}{2\sigma_u^2} - \frac{v'v}{2\sigma_v^2}\right\} \tag{4-30}$$

又由于 $\varepsilon = (v_1 - u, v_2 - u, \cdots, v_T - u)'$，因此式（4-30）可改写为

$$f(u,\varepsilon) = \frac{2}{(2\pi)^{(T+1)/2}\sigma_u\sigma_v^T} \cdot \exp\left\{-\frac{(u-\mu_*)^2}{2\sigma_*^2} - \frac{\varepsilon'\varepsilon}{2\sigma_v^2} + \frac{\mu_*^2}{2\sigma_*^2}\right\} \tag{4-31}$$

其中，

$$\mu_* = -\frac{T\sigma_u^2\bar{\varepsilon}}{\sigma_v^2 + T\sigma_u^2} \tag{4-32}$$

$$\sigma_*^2 = \frac{\sigma_u^2\sigma_v^2}{\sigma_v^2 + T\sigma_u^2} \tag{4-33}$$

$$\bar{\varepsilon} = \frac{1}{T}\sum_t \varepsilon_{it} \tag{4-34}$$

对式（4-31）求 u 的积分可得 ε 的边际密度函数为

$$f(\varepsilon) = \int_0^\infty f(u,\varepsilon)du$$

$$= \frac{2[1-\Phi(-\mu_*/\sigma_*)]}{(2\pi)^{T/2}\sigma_v^{T-1}(\sigma_v^2+T\sigma_u^2)^{1/2}} \cdot \exp\left\{-\frac{\varepsilon'\varepsilon}{2\sigma_v^2} + \frac{\mu_*^2}{2\sigma_*^2}\right\} \tag{4-35}$$

由此可得相应的对数似然函数为

$$\ln L = 常数 - \frac{N(T-1)}{2}\ln\sigma_v^2 - \frac{N}{2}\ln(\sigma_v^2 + T\sigma_u^2)$$

$$+ \sum_i \ln\left[1-\Phi\left(-\frac{\mu_{*i}}{\sigma_*}\right)\right] - \frac{\sum_i \varepsilon_i'\varepsilon_i}{2\sigma_v^2} + \frac{1}{2}\sum_i\left(\frac{\mu_{*i}}{\sigma_*}\right)^2 \tag{4-36}$$

对式（4-36）求极值可得参数 β、σ_u、σ_v 的估计值。

而无效率项 u 的估计需先导出 u 的条件分布，即

$$f(u|\varepsilon) = \frac{f(u,\varepsilon)}{f(\varepsilon)}$$

$$= \frac{1}{(2\pi)^{1/2}\sigma_*[1-\Phi(-\mu_*/\sigma_*)]} \cdot \exp\left\{-\frac{(u-\mu_*)^2}{2\sigma_*^2}\right\} \tag{4-37}$$

由式（4-37）可得 u 的估计值，即

$$E(u_i|\varepsilon_i) = \mu_{*i} + \sigma_*\left[\frac{\varphi(-\mu_{*i}/\sigma_*)}{1-\Phi(-\mu_{*i}/\sigma_*)}\right] \tag{4-38}$$

也可根据 Battese 和 Coelli（1988）的方法得出技术效率估计为

$$E(\exp\{-u_i\}|\varepsilon_i) = \frac{1-\Phi[\sigma_* - (\mu_{*i}/\sigma_*)]}{1-\Phi(-\mu_{*i}/\sigma_*)} \cdot \exp\left\{-\mu_{*i} + \frac{1}{2}\sigma_*^2\right\}$$

$$\tag{4-39}$$

当无效率项服从截尾正态分布时，可类比正态—半正态模型得出效率的估计值为

$$E(u_i \mid \varepsilon_i) = \widetilde{\mu}_i + \sigma_* \left[\frac{\varphi(-\widetilde{\mu}_i/\sigma_*)}{1 - \Phi(-\widetilde{\mu}_i/\sigma_*)} \right] \quad (4-40)$$

或者

$$E(\exp\{-u_i\} \mid \varepsilon_i) = \frac{1 - \Phi[\sigma_* - (\widetilde{\mu}_i/\sigma_*)]}{1 - \Phi(-\widetilde{\mu}_i/\sigma_*)} \cdot \exp\left\{-\widetilde{\mu}_i + \frac{1}{2}\sigma_*^2\right\} \quad (4-41)$$

当随机误差项和无效率项的分布假设正确时，极大似然法所估计出的参数具有最高的精度，即参数的方差达到最小，但当分布被错误设定时，极大似然估计量的估计值会出现非一致性。而且当随机误差项和无效率项与自变量相关时，极大似然估计量不能解决此内生性问题，也会得出参数估计的非一致性。与极大似然估计方法相比，固定效应模型和随机效应模型不仅计算简便（其中固定效应模型并不需要无效率项与自变量独立的假设），对分布的假设要求要弱于极大似然方法，其缺点是如果所做出的分布假设是合理的，那么固定效应模型和随机效应模型由于没有运用此分布信息，所得参数估计的精度会低于极大似然方法。下面分别介绍固定效应模型和随机效应模型在计算无效率项中的应用。

4.2.2 固定效应模型

考虑如下方程：

$$y_{it} = \alpha + x'_{it}\beta + v_{it} - u_i \quad (4-42)$$

其中，$i=1, 2, \cdots, N$，$t=1, 2, \cdots, T$，x_{it} 和 β 均为 $K \times 1$ 维向量，v_{it} 为独立同分布的且期望为 0，方差为 σ^2，无效率项 u_i 大于等于 0，这里并不假设 u_i 与自变量之间相互独立，因为如果个体知道自己的无效率项，则可据此调整相应的投入，从而实现效率的提升，因此 u_i 与自变量之间会存在相关关系，且并不需要对 u_i 的分布做出过多的假设。根据式（4-42）可得到相应的变形形式，即

$$y_{it} = \alpha_i + x'_{it}\beta + v_{it} \quad (4-43)$$

其中，$\alpha_i = \alpha - u_i$。式（4-43）即为固定效应模型，此模型可近似看作每个个体具有不同的生产函数，且每个个体之间的差异由截距项 α_i 表示，截距项从某种程度上反映出个体之间的异质性，而造成异质性的原因为不同个体之间无效率项之间的差异。

式（4-43）中的参数可利用组内估计量方法或一阶差分方法进行 OLS 估计，在利用这两种方法进行估计时并不能估计出非时变自变量的系数，因此模型考虑更多的是不存在非时变自变量的情况。在进行估计时，尽管一阶差分方法所

需的一致性条件要弱于组内估计量方法（组内估计量需要自变量和误差项之间是强外生的，而一阶差分方法则要求两者之间是弱外生的），但是其估计量的有效性要低于组内估计量方法。

在利用组内估计量进行估计时需先对式（4-43）求时间平均，即

$$\bar{y}_i = \alpha_i + \bar{x}'_i\beta + \bar{v}_i \tag{4-44}$$

其中，$\bar{y}_i = \frac{1}{T}\sum_t y_{it}, \bar{x}_i = \frac{1}{T}\sum_t x_{it}, \bar{v}_i = \frac{1}{T}\sum_t v_{it}$。

然后可利用式（4-43）减去式（4-44）来剔除固定效应 α_i，即可得

$$y_{it} - \bar{y}_i = (x_{it} - \bar{x}_i)'\beta + (v_{it} - \bar{v}_i) \tag{4-45}$$

在强外生条件下，即 $E[v_{it} \mid x_{i1},\cdots,x_{iT}] = 0$ 时，则当 $N\to\infty$ 或者 $T\to\infty$ 时，OLS方法所得的 β 估计值是一致的，其估计值为

$$\hat{\beta} = \Big[\sum_{i=1}^N\sum_{t=1}^T (x_{it}-\bar{x}_i)(x_{it}-\bar{x}_i)'\Big]^{-1} \sum_{i=1}^N\sum_{t=1}^T (x_{it}-\bar{x}_i)(y_{it}-\bar{y}_i) \tag{4-46}$$

因此，个体固定效应可估计为

$$\hat{\alpha}_i = \bar{y}_i - \bar{x}'_i\hat{\beta} \tag{4-47}$$

为了将无效率项从个体固定效应中分离出来，可构造正规化方程表达，即

$$\hat{\alpha} = \max_i\{\hat{\alpha}_i\} \tag{4-48}$$

于是，可得无效率项的估计值为

$$\hat{u}_i = \hat{\alpha} - \hat{\alpha}_i \tag{4-49}$$

式（4-49）确保了 $\hat{u}_i \geq 0$，由此可得技术效率的估计值为

$$TE_i = \exp\{-\hat{u}_i\} \tag{4-50}$$

4.2.3 随机效应模型

在对固定效应模型进行估计时假定无效率项 u_i 可以与自变量相关，而在随机效应模型中假定无效率项 u_i 与自变量和随机误差项 v_{it} 是无关的，且是一个随机分布，其均值和方差分别为0和 σ_u^2，并继续假定无效率项是非负的，而随机误差项是 $iid\ [0, \sigma_v^2]$。于是，可将式（4-42）改写为

$$y_{it} = w'_{it}\delta + v_{it} - u_i \tag{4-51}$$

其中，$w_{it} = [1, x_{it}], \delta = [\alpha, \beta]'$。可以证明对式（4-51）利用 GLS 方法所得的估计值与式（4-52）利用 OLS 方法所得估计量是等价的。

$$y_{it} - \hat{\lambda}\bar{y}_i = (1-\hat{\lambda})\alpha + (x_{it} - \hat{\lambda}\bar{x}_i)'\beta + \varepsilon_{it} \tag{4-52}$$

其中，$\varepsilon_{it} = (v_{it} - \hat{\lambda}\bar{v}_i) - (1-\hat{\lambda})u_i$，$\hat{\lambda} = 1 - \dfrac{\hat{\sigma}_v}{(T\hat{\sigma}_u^2 + \hat{\sigma}_v^2)^{1/2}}$，因此可得系数的

估计值为

$$\hat{\delta} = \begin{bmatrix} \hat{\alpha} \\ \hat{\beta} \end{bmatrix} = \Big[\sum_{i=1}^{N}\sum_{t=1}^{T}(w_{it}-\hat{\lambda}\bar{w}_i)(w_{it}-\hat{\lambda}\bar{w}_i)'\Big]^{-1}\sum_{i=1}^{N}\sum_{t=1}^{T}(w_{it}-\hat{\lambda}\bar{w}_i)(y_{it}-\hat{\lambda}\bar{y}_i) \quad (4-53)$$

这里，$\hat{\sigma}_v^2 = \dfrac{1}{N(T-1)-K}\sum_i\sum_t((y_{it}-\bar{y}_i)-(x_{it}-\bar{x}_i)'\hat{\beta}_W)^2$，$\hat{\beta}_W$ 为 $(y_{it}-\bar{y}_i)$ 对 $(x_{it}-\bar{x}_i)$ 的组内估计值，$\hat{\sigma}_u^2 = \dfrac{1}{N-(K+1)}\sum_i(\bar{y}_i-\hat{\alpha}_B-\bar{x}_i'\hat{\beta}_B)^2 - \dfrac{1}{T}\hat{\sigma}_v^2$，其中 $\hat{\alpha}_B$ 和 $\hat{\beta}_B$ 为 $\bar{y}_i$ 对截距项和 $\bar{x}_i$ 做回归所得的估计值。

在估计出式（4-51）的截距项和斜率项后，可将无效率项从残差项中分离出来，具体为

$$\hat{u}_i^* = \frac{1}{T}\sum_t(y_{it}-w'_{it}\hat{\delta}) \quad (4-54)$$

而为了保证无效率项非负，则可进一步将式（4-54）改写为

$$\hat{u}_i = \max_i\{\hat{u}_i^*\} - \hat{u}_i^* \quad (4-55)$$

将式（4-55）代入式（4-50）可求得相应的技术效率。

还可根据 Taub（1979）、Lee 和 Griffiths（1979）所提出的最优线性无偏预测（BLUP）来估计无效率项，即

$$\tilde{u}_i^* = -\Big[\frac{\hat{\sigma}_u^2}{T\hat{\sigma}_u^2+\hat{\sigma}_v^2}\Big]\cdot\sum_t(y_{it}-w'_{it}\hat{\delta}) \quad (4-56)$$

从而无效率项的估计值为

$$\tilde{u}_i = \max_i(\tilde{u}_i^*) - \tilde{u}_i^* \quad (4-57)$$

当时间 T 非常大时，式（4-55）与式（4-57）的估计值是等价的，且当个体数量 N 与时间长度 T 均趋于无穷大时，两者对无效率项的估计均具有一致性。与固定效应模型相比，随机效应模型允许非时变自变量的存在，且由于利用了 GLS 方法进行估计，所得估计量的有效性要高于固定效应模型。但是如果真实模型为固定效应模型，还继续利用随机效应模型进行估计，那么所得的估计量将是有偏的。

随机效应模型与自由分布方法对无效率项的估计有类似之处，即两者均将模型中的混合残差求时间平均来估计无效率项，且模型均不对无效率项的分布做出过多的假设。两者的不同点是自由分布方法假定生产技术结构是可变的，即在每个时间段内分别对横截面数据进行估计，从而导致每个时间段内具有不同的估计参数，以此保证生产技术结构的可变性，当模型包含的个体数目很大时，可用此

方法进行估计,而当模型中的个体数目很小且所需估计参数很多时,此方法不可行。自由分布方法的缺点是对模型假定无效率项是非时变的,如果时间长度选择过短,则对时间的平均不能将无效率项从混合误差项中分离出来,即随机误差项的时间平均并不为 0;如果时间长度选择过长,则无效率项非时变的假设很难满足。

以上讨论均假定模型中的无效率项不随时间的变化而变化,即假定无效率项是非时变的,然而,此假定在现实中很难满足,个体会根据其面临的竞争环境调整相应的投入,从而导致效率会随着时间变化。因此,需放松无效率项非时变的假定并进一步对此情况下的参数进行估计。

4.3 时变技术有效性模型的估计

按照对随机前沿方法的分类,时变技术有效性模型的估计方法可以分为极大似然估计法、固定效应方法和随机效应方法。相应的时变技术有效性的模型为

$$y_{it} = \alpha + x'_{it}\beta + v_{it} - u_{it} \tag{4-58}$$

4.3.1 极大似然方法

Battese 和 Coelli (1992) 认为时变无效率项服从如下形式:

$$u_{it} = \eta_{it} \cdot u_i = \exp\{-\eta(t-T)\} \cdot u_i \tag{4-59}$$

其中,$\eta_{it} \geq 0$,当 $\eta > 0$ 时,随着时间 t 的增加,无效率项递减,当 $\eta < 0$ 时,随着时间 t 的增加,无效率项递增,当 $\eta = 0$ 时,无效率项不随时间变化。

当假定 $v_{it} \sim iidN(0, \sigma_v^2), u_i \sim N^+(\mu, \sigma_u^2)$ 时,可得 u_i 的概率密度函数为

$$f(u) = \frac{1}{\sqrt{2\pi}\sigma_u[1-\Phi(-\mu/\upsilon_u)]} \cdot \exp[-\frac{1}{2}(u_i-\mu)^2/\sigma^2] \tag{4-60}$$

在假定 u_i 和 v_i 相互独立的条件下,由于 $\varepsilon_{it} = v_{it} - \eta_{it} \cdot u_i$,所以可得 u_i 和 ε_i 的联合概率密度为

$$f(u,\varepsilon) = \frac{\exp\left\{-\frac{(u_i-\mu)^2}{2\sigma_u^2} - \frac{(\varepsilon_i+\eta_i u_i)'(\varepsilon_i+\eta_i u_i)}{2\sigma_v^2}\right\}}{(2\pi)^{(T+1)/2}\sigma_u\sigma_v^T[1-\Phi(-\mu/\sigma_u)]} \tag{4-61}$$

对式 (4-61) 求 u 的积分可得 ε 的概率密度为

$$f(\varepsilon) = \frac{[1-\Phi(-\mu_i^*/\sigma_i^*)] \cdot \exp-\frac{1}{2}\{(\varepsilon'_i\varepsilon_i/\sigma_v^2)+(\mu/\sigma_u)^2-(\mu_i^*/\sigma_i^*)^2\}}{(2\pi)^{T/2}\sigma_v^{T-1}[\sigma_v^2+\eta'_i\eta_i\sigma_u^2]^{1/2}[1-\Phi(-\mu/\sigma_u)]}$$

$$\tag{4-62}$$

其中，$\mu_i^* = \dfrac{\mu\sigma_v^2 - \eta'_i\varepsilon_i\sigma_u^2}{\sigma_v^2 + \eta'_i\eta_i\sigma_u^2}$，$\sigma_i^{*2} = \dfrac{\sigma_u^2\sigma_v^2}{\sigma_v^2 + \eta'_i\eta_i\sigma_u^2}$，根据极大似然估计方法可求得模型中所有参数的估计值。

根据式（4-61）和式（4-62）可导出 u 的条件概率密度为

$$f(u\mid\varepsilon) = \dfrac{\exp-\dfrac{1}{2}\left[(u_i-\mu_i^*)/\sigma_i^*\right]^2}{\sqrt{2\pi}\sigma_i^*\left[1-\Phi(-\mu_i^*/\sigma_i^*)\right]} \qquad (4-63)$$

因此，技术有效的估计值为

$$E(u_i\mid\varepsilon_i) = \mu_i^* + \sigma_i^*\{\varphi(-\mu_i^*/\sigma_i^*)/[1-\Phi(-\mu_i^*/\sigma_i^*)]\} \qquad (4-64)$$

与 Battese 和 Coelli（1992）对时变无效率项的假设不同，Kumbhakar（1990）认为 η_{it} 应服从如下假设

$$\eta_{it} = [1+\exp\{\gamma t + \delta t^2\}]^{-1} \qquad (4-65)$$

其中，η_{it} 满足 $0\leqslant\eta_{it}\leqslant 1$ 且根据 γ 和 δ 数值大小不同及符号的变化，η_{it} 会相应地出现单调递增或递减的情形，并可以通过检验 $\gamma=\delta=0$ 来判断模式是否为时变无效率。其相应的参数估计可用极大似然法来处理，具体细节可参看 Kumbhakar（1990）。

4.3.2 固定效应和随机效应方法

Battese 和 Coelli（1992）的模型假定每个个体无效率项的时间状态均相同，即每个个体具有相同的参数 η，Cornwell、Schmidt 和 Sickles（1990）构造了一个更加灵活的模型，所构造的无效率项的参数允许随着个体的不同而不同，因此式（4-58）可改写为

$$y_{it} = \alpha_{it} + x'_{it}\beta + v_{it} \qquad (4-66)$$

其中，$\alpha_{it} = \alpha - u_{it} = \theta_{i1} + \theta_{i2}t + \theta_{i3}t^2$

由式（4-66）可以看出，当 $\theta_{i2}=\theta_{i3}=0$ 时，模型变为非时变技术效率模型，而当 $\theta_{i2}=\theta_2$、$\theta_{i3}=\theta_3$ 时，模型中时间项的参数并不随个体的变化而变化，无效率项间的差异仅产生于个体间的差异，因此模型变为固定效应模型。

可将式（4-66）进一步改写为

$$y_{it} = x'_{it}\beta + W'_{it}\delta_i + v_{it} \qquad (4-67)$$

其中，$W'_{it}=[1,t,t^2]$，$\delta'_i=[\theta_{i1},\theta_{i2},\theta_{i3}]$

为了求得参数估计值，可令 $\delta_i=\delta_0+a_i$，于是可将式（4-67）改写为

$$y_{it} = x'_{it}\beta + W'_{it}\delta_0 + \varepsilon_{it} \qquad (4-68)$$

其中，$\varepsilon_{it} = W'_{it}a_i + v_{it}$

这里，a_i 为独立同分布的随机变量，其期望为 0，方差为 Δ，v_{it} 为独立同分布的随机变量，其期望为 0，方差为 σ_v^2，且与自变量和 a_i 均不相关。

可进一步将式（4-68）写为矩阵形式，即

$$y = X\beta + W\delta_0 + \varepsilon \tag{4-69}$$

$$\varepsilon = Qa + v$$

其中，W 为 $NT \times L$ 维向量，$Q = diag(W_i)$ 为 $NT \times NL$ 维向量，$i = 1, 2, \cdots, N$，a 为 $NL \times 1$ 维向量。

对参数估计方法的选择依赖于 a_i 是否与 x_{it} 和 W_{it} 相关。如果 a_i 与 x_{it} 和 W_{it} 相关，则可利用固定效应模型的估计方法（组内估计量）对参数进行估计；如果 a_i 与 x_{it} 和 W_{it} 不相关，则可利用随机效应模型的估计方法对参数进行估计。

组内估计量的估计结果为

$$\hat{\beta}_w = (X'M_Q X)^{-1} X'M_Q y \tag{4-70}$$

其中，$M_Q = I - P_Q$，$P_Q = Q(Q'Q)^{-1}Q'$。

随机效应模型的估计为 OLS 方法，即

$$\Omega^{-1/2} y = \Omega^{-1/2} X\beta + \Omega^{-1/2} W\delta_0 + \Omega^{-1/2} \varepsilon \tag{4-71}$$

其中，$\Omega^{-1/2} = \frac{1}{\sigma_v} M_Q + F$

$F = Q(Q'Q)^{-1/2} [\sigma_v^2 I_{NL} + (Q'Q)^{1/2} (I_N \otimes \Delta)(Q'Q)^{1/2}]^{-1/2} (Q'Q)^{-1/2} Q'$

而 σ_v^2 的估计值为 $M_Q y$ 对 $M_Q X$ 做回归后的残差平方和除以自由度，即

$$\hat{\sigma}_v^2 = SSR / [N(T-L) - K] \tag{4-72}$$

a_i 方差的估计值为

$$\hat{\Delta} = \frac{1}{N} \sum_{i=1}^{N} [(W'_i W_i)^{-1} W'_i e_i e'_i W_i (W'_i W_i)^{-1} - \hat{\sigma}_v^2 (W'_i W_i)^{-1}] \tag{4-73}$$

在估计出 $\hat{\beta}$ 后就可类比之前的方法对 δ_i 进行估计，即利用 $y_{it} - x'_{it}\hat{\beta}$ 对 W_{it} 做回归（这里 W_{it} 是向量形式，为截距项、时间项以及时间项的二次方），从而可求出 $\hat{\delta}_i$。因此可构造正规表达式，即

$$\hat{\alpha}_t = \max_i (\hat{\alpha}_{it}) \tag{4-74}$$

相应的无效率项可表示为

$$u_{it} = \hat{\alpha}_t - \hat{\alpha}_{it} \tag{4-75}$$

针对 Cornwell、Schmidt 和 Sickles（1990）模型中参数估计过多的问题，Lee 和 Schmidt（1993）提出了一种相对简洁的无效率模型形式，即

$$u_{it} = \delta(t) u_i \tag{4-76}$$

其中，$\delta(t) = \sum_t \delta_t d_t$，$d_t$ 为时间虚拟变量，当 $\delta(t) = 1$ 时模型为非时变的效率模型。Lee 和 Schmidt 提出迭代最小二乘法（ILS）对模型中的参数进行估计，在得到相应的参数估计后，可求得无效率项为

$$u_{it} = \max_i \{\hat{\delta}_t \hat{u}_i\} - (\hat{\delta}_t \hat{u}_i) \tag{4-77}$$

此外，上述模型均没有考虑个体间不可观测的异质性问题，因此并没有将异质性问题从效率的估计结果中分离出去，Kumbhakar 和 Heshmati（1995）将这种个体异质性解释为无效率。而 Greene（2005a、2005b）认为，这种不随时间变化的且不可测量的异质性将会影响随机前沿模型对效率的估计结果，并提出真实固定效应模型（ture fixed effects model）和真实随机效应模型（ture random effects model）对此问题进行分析，同时将非时变的无效率模型扩展为时变效率模型。相应的真实固定效应模型为

$$y_{it} = \alpha_i + \beta' x_{it} + v_{it} - u_{it} \tag{4-78}$$

其中，α_i 表示不可观测的个体异质性，并且允许 α_i 与自变量之间存在相关性，其他相关假设均与固定效应模型相同。

真实随机效应模型可表示为

$$y_{it} = \alpha + \beta' x_{it} + v_{it} - u_{it} + w_i \tag{4-79}$$

其中，w_i 表示为不随时间变化的随机变量并可以解释为不同个体的异质性，且与真实固定效应模型的区别是假设 w_i 与其他变量均不相关，此模型类似于 Kumbhakar 和 Hjalmarsson（1993）对随机效应的假设。Greene 提出可以借助极大似然法对真实固定效应模型和真实随机效应模型中的参数进行估计，具体细节可参看 Greene（2005a、2005b）。

4.4 模型平均法及其权重估计

使用不同的模型会导致银行效率测算结果可能产生非一致性问题，那么在对银行效率进行估计时究竟应该选择哪个模型进行分析？选择固定效应模型进行估计的优点是其不需要过多的假设，不需要假定无效率项的分布以及自变量与无效率项无关的假设；而选择随机效应模型进行估计的优点是所得估计结果具有更高的精度。针对模型选择问题，可根据不同的信息准则对模型进行选取，如 AIC 准则、BIC 准则、逐步回归等方法，然而根据信息准则对模型进行选取并不能够保证所选模型为真实的数据生成过程，且不同的准则会得到不同的模型。在建立

模型时一般关注的是参数的不确定性问题,而往往忽略了模型选择的不确定性,即对参数的估计和检验均是建立在模型为真实的数据生成过程这一假设条件下的,然而模型的选择会存在不确定性问题,如果忽略了模型选择的不确定性问题,那么参数估计和检验的可信度将会降低。模型平均法是模型选择的一种扩展,此方法可将不同模型的估计结果做加权平均处理,模型平均法虽然不能确定真实的数据生成过程是什么,但是可以降低模型选择不确定性所带来的风险(Hjort 和 Claeskens,2003;Hansen,2007、2013;Liu 等,2015)。

模型平均法的主要焦点在于如何估计每个模型的权重问题。对权重的估计可分为贝叶斯法和非贝叶斯法,其中贝叶斯模型平均法(Bayesian Model Averaging,BMA)利用贝叶斯因子来刻画模型选择的不确定性问题,模型权重为每个模型所对应的后验概率,然而此方法对先验信息的选择比较敏感,且当模型过多时还会存在计算问题。对 BMA 的研究可参见 Leamer(1978)、Draper(1995)、Berger 和 Pericchi(1996)、Raftery 等(1997)、Hoeting 等(1999)、Clyde 和 George(2004)。而非贝叶斯模型平均法近期得到了普遍的关注,如 Buckland 等(1997)利用 AIC、BIC 构造模型的权重;而 Hansen(2007、2008)基于 Mallows' C_p 准则(MMA)构造权重;Hansen 和 Racine(2012)将 MMA 方法进一步推广到异方差、非嵌套的形式,从而得出刀切模型平均法(JMA);Liu 和 Okui(2013)提出异方差稳健 C_p 方法(HRC_p)来处理模型中存在的异方差问题。本书对模型平均权重的介绍主要集中在非贝叶斯模型平均方法。

考虑如下回归模型:

$$y_t = \mu_t + \varepsilon_t \quad (t = 1, 2, \cdots, n) \tag{4-80}$$

其中,$\mu_t = \sum_{j=1}^{\infty} \beta_j x_{jt} = X\beta, X = (x_{1t}, x_{2t}, \cdots, n), \beta = (\beta_1, \beta_2, \cdots, n)^T$,式(4-80)包含无限个参数,而样本量是有限的,可考虑用有限个参数对模型进行近似。假设共有 M 个近似模型可选择,第 m 个模型用 $k(m)$ 个自变量进行建模,第 m 个模型可表示为

$$y = X(m)\beta(m) + \varepsilon(m) \tag{4-81}$$

其中,第 m 个模型在 $t-1$ 期对第 t 期的预测为 $\hat{f}_t(m) = X_t(m)\hat{\beta}_{t-1}(m)$,其相应的预测误差为 $e_t(m) = y_t - \hat{f}_t(m)$。利用 M 个模型进行加权平均的结果为

$$\hat{f}_t(w) = \sum_{m=1}^{M} w(m) \hat{f}_t(m) \tag{4-82}$$

其中,$w(m), m = 1, 2, \cdots, M$,表示为对应不同模型的权重,不同模型平均法对应于权重的取法不同。

4.4.1 简单加权平均法

当每个模型的权重相等,即 $w(m) = 1/M$ 时,称为简单加权平均法。Clemen 和 Winkler(1986)、Stock 和 Watson(2004),以及 Hendry 和 Clements(2004)等的实证研究发现简单加权平均法所得结果有时会优于其他权重方法。

4.4.2 Bates 和 Granger 方法及变形

Bates 和 Granger(1969)利用各模型预测误差确定权重的大小,其权重设为

$$w(m) = \frac{\hat{\sigma}^2(m)^{-1}}{\sum_{j=1}^{M} \hat{\sigma}^2(j)^{-1}} \tag{4-83}$$

其中,$\hat{\sigma}^2(m) = \sum_{t=n-p}^{n} e_t(m)^2 / (p+1)$,$p$ 为预测步长,$e_t(m)$ 为预测误差,n 为样本量。

Granger 和 Ramanathan(1984)利用最小化预测误差平方和来确定权重,其目标函数为

$$Q(w) = \sum_{t=n-p}^{n} (y_t - \hat{f}_t^T w)^2 \tag{4-84}$$

最小化式(4-84)可得权重为

$$\hat{w} = \left(\sum_{t=n-p}^{n} \hat{f}_t \hat{f}_t^T\right)^{-1} \sum_{t=n-p}^{n} \hat{f}_t y_t \tag{4-85}$$

其中,$\hat{f}_t = (\hat{f}_t(1), \hat{f}_t(2), \cdots, \hat{f}_t(M))^T$,$w = (w(1), w(2), \cdots, w(M))^T$

Timmermann(2006)进一步对权重的选择范围做出限制,并提出一个受限 Granger-Ramanathan 方法,在 $0 \leqslant w(m) \leqslant 1, \sum_{m=1}^{M} w(m) = 1$ 的条件下最小化式(4-84)可得

$$\hat{w} = \arg\min Q(w) \tag{4-86}$$

4.4.3 Smoothed-AIC 与 Smoothed-BIC

Buckland 等(1997)根据信息准则提出平滑模型权重选择的方法,考虑如下信息准则:

$$I = -2\log(L) + q \tag{4-87}$$

其中,L 为极大似然函数,q 为参数的惩罚函数。当 $q = 2p$,p 为模型参数

个数时，I 为 AIC 准则；当 $q=p\log(n)$，n 为样本观测数时，I 为 BIC 准则。Hurvich 和 Tsai（1989）在小样本情况下对 AIC 准则进行修正，修正后的 AIC 准则为

$$AIC_c = AIC + \frac{2p(p+1)}{n-p-1} \qquad (4-88)$$

于是，模型平均的权重可选为

$$w_k = \frac{\exp(-I_k/2)}{\sum_{i=1}^{M} \exp(-I_i/2)}, k = 1, \cdots, M \qquad (4-89)$$

4.4.4 MMA 方法

Hansen（2007、2008）证明了 Mallows 准则渐近等价于均方误，所以在大样本条件下最小化 Mallows 准则同样最小化均方误，并进一步证明了最小化 Mallows 准则是 MSE 和 MSFE 的渐近无偏估计量，因此用 MMA 方法所得权重是渐近最优的。而此最优性有一定的限制条件，比如所考虑的模型为严格的嵌套形式，需要模型的同方差限制，所考虑的数据也需有相互独立性，而且所考虑的权重限制在一个特殊的离散集内。Wan、Zhang 和 Zou（2010）放松了此方法的限制条件，证明了在连续权重和非嵌套模型条件下，Mallows 准则对权重的选择依然是最优的。Hansen（2010）认为，如果建立自回归模型是为了预测，那么模型选择方法应以最小化风险为基础，并考虑了 Mallows 平均法在自回归模型中的应用，发现在一步向前预测中此方法有很低的风险，而在应用 DF 预先检验统计量时风险很高。

可将 MMA 准则定义为

$$C_n(w) = \sum_{t=1}^{n} \left(y_t - \sum_{m=1}^{M} \hat{\mu}_t(m) w(m) \right)^2 + 2 \sum_{m=1}^{M} w(m) k(m) s^2 \qquad (4-90)$$

其中，$s^2 = \sum_{m=1}^{M} e^2(m)/(n-k(M))$，$e(m)$ 为式（4-90）的 OLS 残差。在约束条件 $H = \{w \in [0,1]^M : \sum_{m=1}^{M} w(m) = 1\}$ 下，使 $C_n(w)$ 最小的权重定义为

$$\hat{w}_n = \mathrm{argmin} C_n(w) \qquad (4-91)$$

在一定条件下，权重 $\hat{w}_n$ 是渐近最优的，且有

$$\frac{L_n(\hat{w}_n)}{\inf_w L_n(w)} \xrightarrow{p} 1 \qquad (4-92)$$

其中，$L_n(w) = \sum_{t=1}^{n} (\hat{\mu}_t(w) - \mu_t)^2$。

4.4.5　JMA 方法

针对 MMA 方法的嵌套且同方差限制，Hansen 和 Racine（2012）提出刀切模型平均法（JMA）对此问题进行扩展，并将模型扩展到非嵌套异方差情形。此方法根据最小化交叉验证（cross-validation）准则选择模型权重，是权重的二次函数，并得出此方法是渐近最优的，可达到最小可能的均方误，进一步用 Monte Carlo 模拟证实了此结果。在约束条件 $H_n^* \subset H$ 下，最小权重定义为

$$\hat{w} = \operatorname{argmin}(w^T S_n w) \tag{4-93}$$

其中，$S_n = \tilde{e}^T \tilde{e}/n$ 为 $M_n \times M_n$ 阶的矩阵，$\tilde{e}(w) = y - \tilde{\mu}(w) = \sum_{m=1}^{M_n} w^m \tilde{e}^m = \tilde{e}w$，$\tilde{e}^m = y - \tilde{\mu}^m$，$\tilde{\mu}^m = (\tilde{\mu}_1^m, \tilde{\mu}_2^m, \cdots, \tilde{\mu}_n^m)^T$，其中 $\tilde{\mu}_i^m$ 为第 m 个模型剔除掉第 i 个观测值后对模型的估计值，即

$$\tilde{\mu}_i^m = x_i^{m\ T}(X_{(-i)}^{m\ T} X_{(-i)}^m)^{-1} X_{(-i)}^{m\ T} y_{(-i)} \tag{4-94}$$

其中，$X_{(-i)}^m$ 和 $y_{(-i)}$ 均表示剔除第 i 行的矩阵。

4.4.6　HRCp 方法

Liu 和 Okui（2013）对 Hansen（2007）所提出的同方差 MMA 方法进行改进，改进后的模型允许误差异方差性的存在，且 Monte Carlo 模拟的结果表明，在有限样本条件下，当 R^2 不是很小时，HRC$_p$ 方法的表现要优于 JMA 方法。最小化损失函数可求得模型平均的权重，即最小化

$$HPC_p = \|y - P(W)y\|^2 + 2tr[\Omega P(W)] \tag{4-95}$$

其中，$P(W) = \sum_{m=1}^{M} w(m)P(m)$，$P(m) = X(m)(X'(m)X(m))^{-1}X'(m)$，$\Omega$ 为对角元素为 σ_i^2 的对角矩阵，因此可得权重为

$$\hat{W} = \operatorname{argmin} HRC_p(W) \tag{4-96}$$

4.5　本章小结

本章主要介绍了随机前沿相关参数的估计方法，并从横截面数据出发介绍了银行效率的相关研究文献中常用的极大似然估计方法，极大似然估计方法需事先假定随机误差项和无效率项的分布函数，然而对无效率项的分布有不同的假设，如半正态分布、截断正态分布、指数分布和 Gamma 分布，模型估计结果是否对

无效率项分布的假设敏感还少有人研究，且不同的分布是否也会影响到银行效率的排名也有待探讨。本章进一步对数据类型进行放松，介绍了当数据为面板数据时模型中的参数及无效率项应该如何估计，还是以相关文献中常用的极大似然估计方法为起始点进行介绍，其中包括无效率项不同分布时的估计结果，随后本章又介绍了面板数据模型中固定效应模型和随机效应模型对无效率项估计的方法，通过对银行效率相关研究文献的收集和整理可以发现，目前国内还鲜有文献讨论固定效应模型、随机效应模型以及极大似然估计方法对银行效率的估计结果是否存在差异，以及不同的估计方法是否对银行效率排名具有一致性。三种方法中，固定效应模型所需的事先假设最少，并且允许无效率项和自变量之间的相关性，而随机效应模型和极大似然方法则需要无效率项和自变量之间不相关的假设，其中极大似然方法又需要无效率项的具体分布形式。三种方法中，在相关假设成立的条件下，极大似然方法的估计最有效，随机效应模型次之，固定效应模型的有效性最差，然而当无效率项与自变量不相关的假定被破坏时，极大似然估计方法和随机效应模型的估计值是非一致的。本章还在面板随机前沿模型的基础上对无效率项非时变的假定进行放松，介绍了在时变情况下无效率项如何进行估计。然而对效率模型的选择带有一定的主观性，且单一模型对银行效率的测算存在模型选择风险，因此进一步介绍了模型平均法及其权重估计问题，与单一模型相比，模型平均法对银行效率的估计能够减小模型不确定性所带来的风险。

5 银行风险与银行监管

商业银行在一国金融体系中占据重要的地位，其在金融市场上充当融资中介，不仅能够承担筹集社会资金的功能，而且还能为个人、公司乃至社会经济的发展提供所需的必要资金，同时商业银行还起到引导社会资金流向、提高社会资金使用效率的作用。然而，商业银行具有高负债经营的特点，其资本结构及业务类型存在不可避免的风险，加之各银行间业务往来频繁，因此银行所面临的风险又具有高度的传染性，一旦某家银行的风险不能被有效控制及化解，那么其不仅会影响资本市场或者货币市场的稳定，更会进一步危及社会的稳定。可以说，一国经济的稳定离不开金融体系的稳定，特别是银行体系的稳定。为此，各国金融监管机构对金融风险高度重视，并通过对金融风险认识的不断完善以及对金融风险所制定监控手段的不断改善，来逐步强化对银行风险的监督管理。通过对银行风险的有效监管来判断风险发生可能的大小并进一步使银行风险带来的损失达到最小。

商业银行的经营管理是建立在安全性、流动性和盈利性基础之上的。其中，银行的盈利性可由银行的经营效率进行刻画分析，而银行的流动性及安全性则可从银行所面临的风险角度进行分析。银行的盈利性是建立在安全性及流动性基础之上的，如果一个银行不能保证银行的安全性及流动性，那么又何谈盈利性；而银行在保证安全性及流动性的基础上应该以盈利性为目标，追求利润最大化。因此三者之间应该是相辅相成的关系，不应该片面地只谈银行的效率而不谈银行所面临的风险层面，同样也不能只谈银行的风险而不谈银行的效率。

在对银行效率进行研究时，大部分学者往往忽略了银行风险对银行效率的影响，而即便有的学者考虑了银行风险的影响，他们对银行风险的分析也不充分，仅仅停留在利用不良贷款率、贷款呆账准备、不良贷款余额等指标来代替银行所面临的风险层面。而银行所面临的风险多种多样，不仅有信用风险、流动风险，还有市场风险、操作风险、法律风险等。因此需要对银行面临的风险做系统的分析，并在此基础上测算出银行的效率，从而更加客观地反映银行效率的真实大小。

每次风险发生导致的损失均会引起人们的重视和反思，并通过构建监管指标来预防风险再次发生带来的损失，而风险的存在会导致监管的发展。因此，本章通过对风险的认识来引出监管的发展，具体安排如下：第一节主要介绍银行风险的定义及其产生的原因；第二节介绍《巴塞尔协议》的历史演变过程及评价；第三节主要讨论中国银行业的监管发展；第四节给出本章小结。

5.1 银行风险及其产生原因

商业银行是一种从事风险活动的盈利机构，其所做的决策需要在风险与盈利之间找到一种平衡。如果只考虑银行所面临的风险，则会导致银行行为过于保守，从而降低银行的盈利性；如果只考虑银行的盈利性而忽略了银行所面临的风险，则有可能导致银行未来流动性的匮乏并进一步导致银行的破产。因此，银行的盈利能力会受到银行风险的制约。那么究竟什么是银行风险？银行风险具有哪些特征？影响银行风险的因素又有哪些？对上述问题的理解是把握银行风险测量及风险管理的基础。

5.1.1 银行风险及特征

银行风险是指银行在经营活动中由于受到不确定性因素的影响所导致损失的可能性。这种损失风险不是指物质商品损失的风险，而是指银行经营货币资金的业务而带来的货币资金损失的风险。它并不代表所发生的实际损失，而仅仅是指损失的可能性，即损失有可能发生，有可能不发生，其本身存在一种不确定性。

银行风险还具有客观性，即从银行成立之初开始，风险就伴随其左右，这一方面是由于银行具有负债经营的特点，其自有资本要远远小于资产总额，以各种存款为营运资金来发放贷款及进行投资等盈利活动；另一方面是由于银行所面临的信息具有不对称性，如贷款人和借款人之间的信息不对称等。对银行风险的管理及监督只会减小银行风险所带来的损失，而不能彻底消除银行风险。

银行风险存在高度传染性。随着金融产品的不断创新，银行之间的业务往来频繁化，对彼此的依存度也不断提高，当危机来临时，由于某个银行出现流动性风险，其变现能力受到制约而不能如期还款，此现象极有可能引发银行间的多米诺骨牌效应并对社会经济造成严重的后果。而且银行间风险的传染性不仅仅停留在本国内部，由于受到金融全球化的影响，其还有可能对国外金融机构造成不同程度的冲击。

银行风险存在隐蔽积累性。当银行风险确实发生并导致损失时，短期内银行可通过对此损失进行抵补来控制风险，而在长期内，如果银行对所面临的风险没有真正的认识，那么各种银行风险会在银行系统内不断积压，当积压到一定程度时便会对银行造成严重的冲击，甚至会导致银行发生破产兼并的情况。造成风险积压情况的出现，说到底一是银行没有对风险产生正确的认识，二是没有完善的风险管理体系。

银行风险存在可防范性。银行所面临的风险可分为外部风险和内部风险，外部风险是指经济环境、市场变化等因素造成的风险，而内部风险是指自身管理能力、应用的技术不成熟等因素带来的风险。银行可根据自身的实际情况对所面临的风险建立防控体系，通过对风险的界定、识别、测量及控制等手段，确保风险在可控范围之内并使风险发生所带来的损失尽可能达到最小。

5.1.2 银行风险产生的原因

银行风险产生的原因多种多样，既受到外部环境变化产生的影响，又受到自身经营管理的影响，具体可概括为以下几个方面：

（1）经济波动的影响。经济增长往往存在一定的周期性，而面对经济的这种周期性波动，银行风险也会相应变化。如在经济上升时期，社会投资需求增加，银行会增加信贷规模来满足投资需求的增加，由于借款人面临的经营条件较好，此时银行面临的风险相对较小；而当经济处于下降期时，银行会减少信贷规模，而此时借款人面临的经营状况恶化，银行会面临的风险相对较大。因此银行存在顺经济周期的风险波动。

（2）国家经济政策的影响。政府会通过财政政策或货币政策对市场进行调节并引导和规划经济的发展方向，在此期间难免会出现对某个行业或地区的倾斜和照顾，此举会造成银行对个别行业或地区贷款规模的增加，从而导致风险也向该行业和地区集中。当该行业或地区产能过剩且政策方向发生改变时，借款人的经营状况会出现恶化，银行风险也会相应地集中爆发。

（3）金融监管的影响。一套完善的金融监管体系会减小风险发生的概率并将风险发生所带来的损失控制在很小的范围内。如果监管体系设计不完善，则会造成银行在此监管条件下进行风险套利及风险转移，表面上银行的各项标准均符合监管要求，但实际上银行所面临的风险并没有减少，而是通过其他手段进行风险转移，甚至其所面临的风险会有所增大。因此一国的金融监管机构应不断改进和完善其监管体系，以此应对金融市场不断变化所带来的风险，从而维持金融体系的稳定。

（4）银行风险偏好的影响。每个银行对风险的偏好有所不同，有的银行是风险追求者，强调的是高风险高回报的理念，其资产业务中风险资产所占的比重较大，因此会面临较高的风险；有的银行是风险回避者，经营理念比较保守且经营产品比较单一，这一方面导致银行追求利润的能力受限，另一方面产品经营单一化导致其所面临的风险比较集中，不能将风险分散化经营。

（5）业务经营结构的影响。银行业务主要包括负债业务、资产业务和中间业务三类。在经营时应该对这三者的比例进行合理的分配，不应过于偏向某一业务从而增加此业务的风险，同时各业务之间具有不同的期限结构和利率结构，所以也应该合理对其进行调节，以减少银行面临的风险。

（6）道德风险与逆向选择的影响。道德风险与逆向选择问题对银行风险的影响均来自市场信息的不对称性。如借款人可能在向银行申请贷款时没有如实申报自己的真实情况，而在获得贷款后，借款人又很可能从事高风险的金融活动，从而导致银行面临的风险增加。银行面临的另一个道德风险是委托代理问题，即由于所有权和经营权相分离，经理人在从事经营活动时会违背委托人的意愿，遵循的原则并不是委托人利益的最大化，而是经理人自身利益的最大化，从而给股东利益带来一定程度的损害，此经营活动同时也会相应地增加银行所面临的风险。银行自身也面临着道德风险问题，一方面银行负债经营的特点导致其具有从事高风险投资的冲动，而存款人又很难对此行为进行监管；另一方面由于某些银行具有"大而不倒"的属性，即在危机来临时，政府会出面救助那些陷入困境的银行以防止其破产给社会带来的动荡，由于知道自己在陷入危机时政府会出面救助，银行会有动机从事高风险金融活动以赚取高额的回报，同时银行从事高风险金融活动所带来的风险成本会由出面救助的政府承担。而银行面临的逆向选择问题同样会增加银行风险，这是因为在信贷市场上银行不能对借款人贷后的行为进行跟踪考察，所以贷出去的款项面临无法偿还的可能，为了减少这种风险的发生，银行往往会提高贷款利率来弥补风险所带来的损失，市场上优质的借款人会随着贷款利率的提高而逐步退出市场，于是市场上充斥着追求高风险的借款人，"柠檬市场"的情况同样在信贷市场出现，因此银行会面临着更高的风险水平。

此外，银行自身对风险监管水平的低下、员工经营管理的素质不高、监管技术不成熟以及监管体系不完善也会给银行带来一定程度的风险。

5.2 《巴塞尔协议》的演变及评价

最初金融机构对风险的认识很有限,风险评估技术也相对不成熟,而随着经济全球化及金融自由化的发展,风险在经济金融系统内不断积聚并最终导致危机爆发,且每次危机爆发所影响的范围越来越广,破坏力越来越强,同时也对社会经济的稳定性造成了重大的损害,这时金融机构才越来越认识到风险的重要性。可以说每次危机过后金融机构对风险的认识就会有更深一层的了解,而且面对危机所带来的结果金融机构也会反思如何对风险进行界定、识别、测量及控制,以期能够在事前发现风险从而避免风险事故的发生,或者即便发生风险也可以将其影响降到最低程度。但是,金融机构具有内在的趋利性,这种动机可能会导致其高风险行为的发生,因此在盈利性和风险性的选择中更可能选择盈利性而忽略风险性,这时就需要对金融机构进行外部监管,通过建立相应的监管指标来判断金融机构存在的风险性,并以此来限制金融机构的相关行为,从而保证金融体系稳定健康的发展。

各个国家的监管机构一般会参照《巴塞尔协议》中的相关内容对银行业进行监管,一方面,《巴塞尔协议》的意义在于维护全球金融体系安全以及稳定、健康的发展,并促进银行业的公平竞争,同时保护投资者的利益。另一方面,《巴塞尔协议》在不断自我完善及修改,从而保证其能够更加符合多变环境的要求,且其核心监管理念和思想在不断走向成熟,因此能够为各国金融监管机构提供可靠的风险监管标准及理论。

《巴塞尔协议》是由国际清算银行下的巴塞尔银行监管委员会颁布的,其问世后又经历了多次的修改及补充,到目前为止已经颁布了三个比较正式的版本,即 1988 年最初的版本《巴塞尔协议Ⅰ》,2004 年的《巴塞尔协议Ⅱ》以及 2010 年发布的《巴塞尔协议Ⅲ》。而通常所说的新旧巴塞尔协议分别指的是《巴塞尔协议Ⅱ》和《巴塞尔协议Ⅰ》。每个版本的《巴塞尔协议》均是划时代的产物,且对《巴塞尔协议》的修订及补充往往是金融危机过后的一种反思,因此三个版本存在递进关系。下面分别介绍三个版本的《巴塞尔协议》产生的背景及相关内容。

5.2.1 《巴塞尔协议Ⅰ》

在 20 世纪 70 年代以前,银行经营环境相对稳定,经营业务也主要集中于存贷款方面，银行面临的竞争相对有限，同时监管当局主要致力于对银行的安全性及对存款准备金的要求，各个国家也出台相应的法律对银行及金融机构进行严格监管，如美国出台的《格拉斯—斯蒂格尔法案》，该法案明确将商业银行业务和投资银行业务区分开来，因此银行面临的经营风险相对较小。而在20世纪70年代以后，银行的经营环境逐渐发生变化。随着经济全球化的发展，跨国资本流动规模不断增大，各国银行业务往来也越来越频繁，跨国银行相继成立，而当时各国对银行的监管标准并不统一，监管水平也存在差异，这就导致跨国银行有逃避东道国监管的机会，并从事高风险活动以获得高额利润。因此监管的真空地带给各国的金融体系带来了风险及不稳定性。

随着布雷顿森林体系的瓦解，各国银行告别了汇率及利率稳定的时代，随之而来的是汇率波动的不确定性以及由此带来的利率的剧烈波动，面对着汇率和利率的不确定性，银行的经营风险也增加了，特别是1974年美国富兰克林国民银行和德国赫斯塔特银行因从事外汇交易活动遭受了巨额损失，并由此相继破产。这两家著名的国际性银行倒闭的事件引发了金融界的不安，使银行监管部门意识到对国际银行统一监管的重要性。1974年底，在瑞士的巴塞尔十国集团联合成立了巴塞尔委员会，其于1975年出台的《库克协议》也主要是针对加强海外银行监管而提出的。然而，此协议对东道国及母国之间的监管责任划分存在分歧，巴塞尔委员会于1983年对此协议进行修改，修改后的协议进一步明确了东道国和母国的监管责任。

然而银行业正面临金融自由化的浪潮，由于旧有的金融管制在一定程度上限制了金融业的发展并导致了不公平竞争的出现，因此各国均放松了金融管制。金融管制的放松一方面拓宽了银行业的经营范围，使商业银行与投资银行间的差异逐渐减小；另一方面又促进了金融衍生品的发展，使原有的存贷业务规模逐渐下降并导致银行业的激烈竞争。金融自由化的浪潮不仅带来了机遇，同时也带来了风险，为了促进金融体系的稳定健康发展，巴塞尔委员会于1988年推出了《统一资本计量与资本标准的国际协议》，即通常所说的《巴塞尔协议Ⅰ》。

《巴塞尔协议Ⅰ》针对各国对资本定义不统一的情况明确了银行的资本构成，并进一步把银行资本划分为核心资本和附属资本，其中规定核心资本应占总资本的50%，而附属资本不应超过核心资本，即附属资本在总资本中的比例应该小于50%。此协议还根据银行资产负债表的表内资产及表外资产所面临风险大小的不同而赋予其不同的风险权重，并将风险权重划分为0、10%、20%、50%和100%五个档次，其中表外资产需通过信用转换系数转换成表内资产进行计算，由此得出银行的风险加权资产。在此基础上规定银行的资本充足率不得低于8%，其中核心资本所占风险资产的比例不得低于4%。为了保证资本充足率的监管要求能够在各个银行内顺利实施，巴塞尔委员会还对过渡期限做出了合理安排。

《巴塞尔协议Ⅰ》的出台有助于各国统一银行的监管标准，并明确了资本充足率在监管中的重要地位，有利于促进银行间的公平竞争，同时在一定程度上保证了金融系统的安全性与稳定性。但是由于金融环境具有复杂多变性，《巴塞尔协议Ⅰ》还存在诸多不足之处，如过度强调资本充足率在监管中的作用，巴林银行事件就能很好地说明此问题，在巴林银行破产之前一个月内其资本充足率一直高于银行监管所要求的8%，但是一个月后其就宣布破产。此外，由于金融衍生品的多样性，银行可通过资产证券化来转移风险并满足8%的资本充足率要求，因此对银行的监管不能过度强调对资本充足率的要求。此协议仅仅关注信用风险，而忽略了银行面临的其他风险，如市场风险、流动性风险和操作风险等，其风险覆盖范围相对较窄。而且其对资产风险权重的确定过于粗糙，不能很好地反映银行资产所面临的真实风险情况。

5.2.2 《巴塞尔协议Ⅱ》

银行监管在一定程度上对金融体系的安全性和稳定性起到积极作用，但是从另一方面来看，金融机构本身具有内在的逐利特性，而对银行的监管有时候会抑制银行的盈利性，于是就会出现金融产品不断创新的情况，同时金融衍生品也会不断复杂化。金融产品的创新可以使银行绕过监管，或者即便满足监管的要求却仍然可以从事高风险的逐利活动，这样风险不但没有减小，反而整个金融体系所面临的风险就更大了。金融监管机构如果不能根据周边环境的变化对监管要求做出适时的调整，则会导致风险在金融体系内不断积压并最终导致危机的爆发。1997年亚洲金融危机的爆发就凸显了对《巴塞尔协议Ⅰ》进行修改的迫切性，于是巴塞尔委员会开始启动对旧协议修改的提议，并于2004年发布了《统一资本计量和资本标准的国际协议：修订框架》，即通常所说的《巴塞尔协议Ⅱ》。

《巴塞尔协议Ⅱ》继承了旧协议中以资本充足率为主要监管内容的核心思想，并在此基础上进一步提出了以最低资本要求、监管部门的监督检查和市场约束为三大支柱的监管思想。

（1）最低资本要求。尽管信用风险依然是银行所面临的主要风险，但是市场风险和操作风险对银行经营状况的影响越来越大，因此新协议综合考虑银行面临的信用风险、市场风险和操作风险,从而增大了银行风险的覆盖面积。根据对风险的划分,新协议放弃了旧协议中单一化的监管方式,并针对银行所面临的不同风险提出了不同的计量风险的方法,以此来增加银行资本对风险的敏感度,如信用风险可用标准法和内部评级法进行测量,市场风险可用标准法和内部模型法进行测量,而操作风险可用基本指标法、标准法和高级计量法进行测量。新协议允许各个银行根据自身的管理水平及相关技术选择合适的方法来测量银行面临的风险,以便确定银行面临风险时所需的资本金水平。

(2) 监管部门的监督检查。不同国家具有不同的金融环境和相关制度,因此巴塞尔委员会强调各国监管机构应肩负更大的监管责任,并对资本充足率的要求和银行的内部评估过程进行全面监管。对资本充足率的监管,需先判断银行是否达到监管要求并根据相关情况提出资本金要求,如果没有达到监管要求,则监管机构需进行适当的干预。巴塞尔委员会同时还希望各国监管当局能够培育银行的内部风险评估体系并加快制度化的进程。

(3) 市场约束。新协议充分肯定了市场在银行控制风险中的作用,并认为银行信息的有效披露能够抑制银行从事高风险的活动,从而减小风险对金融系统的影响,使风险程度小的银行可以获得更有利的价格来融资,而风险程度大的银行则面临较高的风险溢价,即资金的融资成本增加。新协议有利于对信息披露框架的统一,同时对银行资本结构及风险状况等内容提出了具体的披露要求,并进一步对信息披露体系进行评估,从而确保市场约束的有效实施。

与旧协议相比,新协议在风险衡量方面具有更大的灵活性,并鼓励银行建立各自的内部评级系统,避免资本充足率的要求对银行差异化的影响,以此来更加真实地反映银行所面临的风险大小。同时新协议还扩大了旧协议中的资本约束范围,从而减少了银行的套利行为。通过对资本充足率相关内容的改进,使银行资产对所面临的风险更加敏感。新协议还强调了监管部门的重要作用,并指出监管部门不应只停留在对资本充足率进行监管的阶段,而是应更进一步对银行的内部评级体系进行监管。而且新协议还摒弃了信息不宜公开的观念,认为应该增加银行资本管理的透明度并对外进行信息披露。

5.2.3 《巴塞尔协议Ⅲ》

就在《巴塞尔协议Ⅱ》定稿后不久,各个国家便遭受了席卷全球的2008年金融危机,此次危机使人们开始质疑协议的监管效果,同时也使人们开始反思协议中的缺陷。为了改善协议对银行的监管效果,巴塞尔委员会于2010年提出

《巴塞尔协议Ⅲ》的征求意见稿并于 2013 年发布正式版本。

巴塞尔委员会认识到旧有的协议仅从微观的角度对银行进行监管，即仅注意到资本充足率对银行风险的影响，而此次危机的爆发说明了虽然银行能够达到资本充足率的监管要求，但是最终导致银行破产的却是资金流动性的匮乏。另外随着金融自由化的高度发展，银行业务与投行业务之间的差别越来越小并出现混业经营的态势，加之金融产品的不断创新及复杂化，导致银行越来越多地采用资产证券化的手段来从事高杠杆化的金融活动。银行资产证券化的活动虽然可以将银行面临的风险转嫁到非银行金融机构，表面上会造成银行所面临的风险消失的假象，但是金融系统的风险却并没有由此消失，只是从一个部门转移到另一个部门，而且金融衍生工具将此风险进一步放大。为了改善监管效果并减小金融危机对实体经济的外溢效应，巴塞尔委员会提出了微观审慎监管和宏观审慎监管相结合的监管思想。

（1）微观审慎监管。此次危机使巴塞尔委员会认识到资本质量的重要性，其发现资本范围内原有的某些项目在危机发生时并不能对银行的损失进行吸收，反而会加大银行所面临的风险。因此，较之前的协议而言，此新协议对资本有更加严格的定义，新协议将资本划分为一级资本和二级资本，并取消了《巴塞尔协议Ⅱ》中用于防范市场风险的三级资本，其中一级资本用于吸收经营中的资本损失，二级资本用于吸收银行破产清算时的损失，同时还对银行的资本扣除项目和调整项目进行了严格的规范，以此强化银行资本在银行发生损失时的吸收能力。

新协议对资本充足率的最低要求依然维持在 8%，但是却上调了一级资本在监管资本中的比例，由原来的 4% 提升至 6%，其中核心一级资本（普通股权益）由原来的 2% 提升至 4.5%，此规定从 2013 年起开始实施并要求一级资本和核心一级资本的比例在 2015 年分别达到 6% 和 4.5%。新协议还提出资本留存缓冲的要求，其目的是减少突发性事件对银行的冲击，资本留存缓冲的主要成分为普通股权益，并规定资本留存缓冲的比例为监管资本的 2.5%，此规定从 2016 年开始实施并要求资本留存缓冲的比例在 2019 年达到 2.5%。由此可以看出普通股权益在新协议中的地位得到提升，这在一定程度上能增加银行资本吸收损失的能力。

此外，新协议还扩大了风险覆盖面，针对银行进行的资产证券化等复杂衍生品的交易活动，新协议提高了相应的风险权重，特别是再资产证券化的风险权重，并进一步提高了对交易对手信用风险的资本要求，同时引入压力测试对银行所面临的风险进行评估。面对复杂多变的资本市场，新协议细化并加强了银行的信息披露内容。

（2）宏观审慎监管。随着金融创新及金融自由化的发展，银行与资本市场的关系越来越密切，银行也越来越倚仗资本市场为其流动性进行筹资，在危机没有发生时，银行从资本市场融资可降低其成本，而当危机发生时，资本市场的流动性会逐渐面临枯竭，银行在资本市场上筹集不到相应的资金，这会导致银行陷入流动性困境，问题严重时则可导致银行破产。巴塞尔委员会也认识到仅以资本充足率对银行进行监管的局限性，于是在新协议中又引入流动性监管指标来对银行的流动性风险进行监管，其中以流动性覆盖率来对银行面临的短期流动风险进行监管，并规定此指标应该大于等于100%，该规定从2015年的60%开始实施并要求该指标在2019年达到100%，新协议还以净稳定融资比率来对银行面临的长期流动性风险进行监管，并规定此指标应大于100%。

巴塞尔委员会还注意到银行面对资本充足率的监管要求时往往会将表内业务转移到表外业务，这样虽然能够达到资本充足率的监管标准，但是高杠杆率却会将风险放大，从而导致金融整体系统风险的增加。为了反映银行表内外业务所面临的真实风险情况，新协议建议引入杠杆率的监管标准，以此作为对资本充足率监管标准的补充，其中杠杆率表示为一级资本与总风险暴露的比率，并规定此比率的最低标准不得低于3%。

由于银行存在顺经济周期的行为，即在经济繁荣时期银行会扩大贷款规模，从而导致经济中的泡沫加速形成，而在经济衰退时期银行会减少贷款规模，从而导致经济加速衰退。经济衰退会使贷款违约概率提高并增加贷款违约损失概率，从而导致银行面临巨大损失的可能，因此需要在经济繁荣时期增加银行的资本积累，以此来缓冲经济衰退对银行的不良影响，即需要进行逆周期资本缓冲。新协议规定银行需计提0~2.5%的逆周期资本缓冲。

此外，针对全球系统重要性的金融机构（SIFIs）可能存在太而不倒的道德风险问题，新协议规定对这些机构计提额外的1%~2.5%的资本要求。

5.3 中国银行业监管的发展

与国外先进的风险管理经验相比，中国银行业风险管理的起步相对较晚，这一方面源于中国当时所面临的经济体制，另一方面源于中国当时的金融体制不完善。随着中国由计划经济向市场经济的转变，加之金融体系的不断完善，中央银行一改大一统的局面，从原来既行使货币政策的职能又办理信贷储蓄业务的角色中分离出来，并独立履行中央银行的职能。而对银行体系的监管正是源于中央银行的独立，相关的监管内容也主要围绕最后贷款人和市场准入制度展开。此后，中国的金融体系进一步完善，经济地位在世界各国中逐渐增强。中国于2001年加入世界贸易组织并承诺于2006年底对外开放银行业务。而中国银行业如果在温室中待得太久就会造成一种危机是否真正存在的假象，外资银行的进入一方面加剧了中国银行业的竞争程度，另一方面也带来了先进的风险管理经验。中国银行业在学习国外先进风险管理经验的基础上借鉴《巴塞尔协议》的相关内容，从而对银行风险管理的认识不断深化、不断完善。

从时间的角度可分为三阶段对我国银行业监管进行研究，第一阶段为中国银行业监督管理委员会（中国银监会）成立之前的1994～2002年，此阶段主要针对1988年《巴塞尔协议Ⅰ》的内容展开；第二阶段为中国银监会成立后的2003～2010年，此阶段主要对应《巴塞尔协议Ⅱ》的监管要求；第三阶段为2011年至今，此阶段主要围绕《巴塞尔协议Ⅲ》的相关内容展开。下面分别介绍这三个阶段的中国银行业监管的特征。

5.3.1 监管初级阶段（1994～2002年）

1993年国务院出台《关于金融体制改革的决定》（以下简称《决定》）后，中国人民银行将其拥有的政策性银行和商业性银行职能正式从自身中分离出去，从而确立了其真正行使中央银行的职能。该《决定》同时提出需在1994年对商业银行进行资产负债比例管理和资产风险管理。中国人民银行于1994年颁布了《商业银行资产负债比例管理考核暂行办法》（以下简称《暂行办法》），该《暂行办法》中首次提出了利用资本充足率的指标对银行资产进行监管并给出了相应的计算公式，但是对公式中的资本及加权风险资产的具体范围没有给出明确的说明。在1995年公布的《中华人民共和国商业银行法》中也以法律的形式明确规定在对银行进行资产负债比例监管时资本充足率不得低于8%。

中国人民银行在1996年公布的《商业银行资产负债比例管理监控、监测指标和考核办法》中对资本充足率指标中的资本构成、风险权重及信用转换系数做出了明确说明，并根据《巴塞尔协议Ⅰ》的相关内容将资本充足率的要求定为不得低于8%，核心资本占风险资产的比例不得低于4%，同时明确从1997年起开始实施此项规定。而此前风险不断在银行体系内积累，导致我国银行业存在巨大的不良资产，因此银行资产质量普遍不高，也很难达到监管要求。为此，我国于1999年成立四大资产管理公司并对四大银行剥离了1.4万亿元不良资产以满足银行的监管要求，同时也为银行上市做准备。

此阶段虽然引入了《巴塞尔协议Ⅰ》的监管框架对银行资本进行监管，但是对资本充足率监管的要求仅停留在形式方面，对满足资本充足率要求的银行并没有提出相应的激励措施，而对不满足监管要求的银行也没有相应的惩罚措施，同时银行的风险意识不是很强，缺少风险管理的主动性，加之我国国有商业银行正处于向股份制银行转型的阶段，因此资本充足率的监管更多的是一种软约束指标。

5.3.2 实施新资本协议准备阶段（2003～2010年）

2003年4月，中国银监会正式从中国人民银行分离出来并履行对相关金融机构进行监管的责任，同年12月，为了维护金融业的健康与稳定、保护存款人的合法权益，人大常委会正式颁布了《中华人民共和国银行业监督管理法》，由此正式确定了银监会的法律地位。

在我国国有商业银行向股份制银行转变及《巴塞尔协议Ⅱ》即将正式出台的背景下，银监会于2004年2月发布了《商业银行资本充足率管理办法》（以下简称《办法》）。此《办法》中借鉴了《巴塞尔协议Ⅱ》中最低资本要求、监督检查及信息披露这三大监管思想。与1996年的监管要求相比，新版本的《办法》中扩大了风险的覆盖范围并将银行所面临的市场风险纳入风险资产，同时对资本的定义及相关的风险权重进行重新修订，如在附属资本中加入重估储备、优先股和可转换债券，而在对表内资产进行加权时更多地考虑信用评级公司的影响。此《办法》中还对资本充足率的监管标准设立奖罚措施，银监会支持满足资本充足率监管要求的银行的业务发展，而对不满足监管要求的银行来说，银监会会采取严格的纠正措施以保证银行资本的充足性。

为了加强监管指标对银行风险监管的效果，银监会于2006年1月发布了《商业银行风险监管核心指标（试行）》。该《试行》中将风险监管指标划分为风险水平、风险迁徙及风险抵补三个层次，并针对每个层次中的不同监管指标分别规定了各自的界限，如银行的不良贷款率不应超过5%，流动性比例不应低于25%，资本充足率不应低于8%等，同时还明确了操作风险对银行的重要性。

此后，银监会又对《商业银行资本充足管理办法》进行修正，并多次向公众征集实施新资本协议的意见，期间还完善了信用风险、流动性风险、市场风险及操作风险的测量方法。随后银监会陆续发布了《巴塞尔协议Ⅱ》中监管内容的相关文件，其中包括对风险范围的划分及定义、风险计量方法、信息披露内容等，在就相关文件不断地征求意见并对其进行修改的基础上,规定从2010年底开始实施新资本协议监管要求,这标志着实施新资本协议的准备工作已基本完成,同时中国也于2009年加入巴塞尔委员会并成为其正式的成员。

5.3.3 新资本协议实施阶段(2011年至今)

金融危机后,巴塞尔委员会于2010年底发布了《巴塞尔协议Ⅲ》并号召相关成员对旧版监管内容进行修订,同时规定于2013年起开始实施新版监管内容。为了维护中国金融体系的稳定,提升银行业的监管标准,借鉴先进的风险管理经验及理念,中国于2011年发布了《中国银行业实施新监管标准的指导意见》并相继发布了《商业银行杠杆率管理办法》《商业银行贷款损失准备管理办法》《商业银行资本管理办法(试行)》《商业银行流动性风险管理办法》《商业银行内部控制指引》《商业银行并表管理与监管指引》及《银行业金融机构全面风险管理指引》等。新的监管要求规定银行的资本充足率不得低于8%,其中核心一级资本充足率不得低于5%,一级资本充足率不得低于6%,国内系统重要性银行需额外计提1%的资本,同时还要求银行计提2.5%的储备资本和0~2.5%的逆周期资本,杠杆率也不得低于4%,流动性覆盖率于2018年底前达到100%,流动比例不得低于25%。

新的监管标准对风险覆盖范围进一步扩大,对资本的定义及资本充足率的要求也更为严格,同时强化了银行资本在发生损失时的吸收能力,从而在一定程度上能减小风险带来的损失程度。新的监管标准在杠杆率及核心一级资本充足率的要求上要高于《巴塞尔协议Ⅲ》中规定的范围,《巴塞尔协议Ⅲ》中规定杠杆率不得低于3%,于2013年实施的新的监管标准规定核心一级资本充足率不得低于4.5%,并于2019年达到核心一级资本与资本缓冲之和占加权风险资产的比例不得低于7%的要求,而中国对核心一级资本充足率的要求为到2018年底不得低于7.5%。此外,中国银监会还将贷款损失准备作为另一个监管工具,并将银行的贷款拨备率设为2.5%,拨备覆盖率设为150%,从而更加全面严格地对银行风险进行监督管理。

而随着金融创新的快速发展,银行通过将表内资产转移至表外以规避资本充足率等资本管制,由于现有监管体系对表外业务要求较少,从而导致银行能在较短时间内迅速拓展相关业务以提高银行利润。但表外业务运作透明度不高,其中的金融衍生类交易业务潜在风险较大,部分资金通过银行理财产品等流向房地产、地方融资平台和"两高一剩"行业等高风险领域。同时,由于实体经济回报率逐渐降低，而虚拟经济回报率不断攀升，资金在金融体系空转的现象突出，且资金链条过长，金融风险在层层环节中隐藏，这就进一步加大了金融体系风险监管的难度。为维护金融系统的稳定，防止金融系统对经济体系的负溢出效应，央行将现有的差别准备金动态调整和合意贷款管理机制升级为宏观审慎评估体系，对银行的资本和杠杆情况、资产负债情况、流动性、定价行为、资产质量、外债风险、信贷政策执行七大方面进行评估，新评估体系的监管范围随着银行资产端的多元化而实现全覆盖监测。此后，银监会发布的《商业银行表外业务风险管理指引（修订征求意见稿）》进一步扩展了表外业务的定义范围，同时构建了全面、统一的表外业务管理和风险控制体系。

从我国对银行业的监管历程来看，从金融体制改革开始到加入世贸组织并逐步放宽对外资银行进入的要求及业务覆盖范围，再到正式加入巴塞尔委员会，我国通过不断地向外资银行学习先进的风险管理经验，同时借鉴巴塞尔协议中的相关风险管理理念及监管方法来改善对银行业的监管要求，从而使我国对银行业风险的认识不断深化、监管手段及监管体系不断完善。在我国对银行业的监管达到国际水准之时也应注意到对资本充足率监管要求的实施可能给我国银行业带来的影响，如在进行风险测量时对高级计量法的使用更能反映银行面临的真实风险情况，然而高级计量经济法的使用需要以一定的数据积累做支撑，并且对数据的质量要求较高，尤其是要对市场风险及操作风险进行测算，但我国银行业的数据基础比较薄弱，在现阶段内尚不能满足对数据的要求。即便某些大型银行能够满足数据要求，在某种程度上也会导致银行业的不公平竞争，因为对满足数据要求的大型银行而言，它们可以使用高级计量法来对风险进行测算，而对不满足数据要求的中小型银行而言，它们只能使用标准法或基本指标法对风险进行测量，根据巴塞尔委员会的第5次定量影响研究结果（QIS 5），使用高级计量法的银行所面临的资本要求要低于其他银行，所以中小型银行所面临的资本监管要求要高于大型银行。另外，我国各银行采取的风险计量模型是否真实可靠还有待进一步验证。

5.4　本章小结

风险就像隐形杀手一样潜伏在金融体系之中，它们在悄悄地积蓄自己的力量、扩大自己的影响范围以及增加自己的破坏力，它们一直在等待着一个合适时机的到来从而给金融系统致命一击。风险使金融体系付出了沉痛的代价，同时也使人们意识到这个潜在对手的重要性，虽然不能将其彻底根除，但是却可以限制其影响范围从而减小其带来的损失。针对如何监测风险，《巴塞尔协议》根据不同国家监管的差异先统一了对监管资本的定义，这为各个国家间联合监管风险打下了良好的基础。随后根据风险的特点提出了资本充足率的监管方法，由此确立了资本充足率在银行监管中的重要地位，并在此基础上不断加以改进和完善。面对复杂多变的金融系统，巴塞尔委员会意识到仅凭资本充足率难以达到监管效果，随后又提出了最低资本要求、监督检查和市场约束三大支柱的监管思想，并在此基础上不断提高监管资本质量的要求并扩大风险的覆盖范围，同时又加入流动性覆盖率及杠杆率等指标进行监管，进一步提出了微观审慎监管与宏观审慎监管相结合的思想。对银行业的监管能在一定程度上预防危机发生的次数，但是却增加了危机爆发的破坏性，虽然每次危机过后巴塞尔委员会均会对其监管标准进行修改，但是这种修改只是针对"浮出水面"的风险进行的修改，而那些未被注意到的潜在风险才是人们今后面临的重要问题，它们今后会不断地挑战监管标准，并时刻准备着给金融体系致命一击，因此对银行业监管标准的修改是否能够有效预防危机的发生并减小其破坏力仍不得而知。

6　中国银行业效率实证分析

中国经济体制由计划经济向市场经济的转变给中国经济带来了长足的发展，而经济的发展离不开一个稳定健康的金融体系，特别是在金融体系中占主体地位的银行业，同时银行业的发展也离不开其所面临的宏观背景。伴随着经济体制改革及金融体制改革，中国银行业由最初的大一统格局向多元化金融体系转变，银行的个数不断增加。中国银监会2015年年报显示，目前中国银行业有法人机构4262家，其中大型商业银行5家，股份制商业银行12家，城市商业银行133家。而银行个数的不断增加会在一定程度上增加银行业的竞争力，特别是中国在加入WTO后对金融市场的逐步开放导致外资银行及战略投资者的进入，加之金融自由化的影响不断扩大，相关金融产品也在不断更新，这必然导致竞争的进一步加剧。面对越来越激烈的竞争，银行只有不断提高自己的经营效率，改善自己的管理体系才能免于被淘汰或者被其他金融机构兼并的结果。而对于国家来说，银行业的效率提升也会降低经济体系的融资成本并进一步促进经济健康稳定的发展。

在银行数量不断增加的同时，中国银行业的资产规模也在不断扩张。英国《银行家》2017年公布的最新数据显示，在世界前1000家银行中，资产规模排名第一的为中国工商银行，而中国建设银行、中国银行、中国农业银行及中国交通银行的资产规模分别为第2位、第4位、第6位及第11位，在全球排名前100的银行中中国占据了17位。由此可见，自改革开放以来中国银行业确实取得了长足的进步。中国银行业的规模虽然很大，但是就银行的管理经验和风险控制方面而言，中国银行业和国际大型银行相比还存在一定差距，银行在盈利能力和成本控制方面还有待提高。银行业的规模不断增大虽然能在一定程度上带来规模效应，使银行的成本下降、利润增加，但过大的规模反而会导致成本的上升和利润的下降，因此银行业的发展不应只注重规模的扩张，更应注重效率方面的提升。另外，中国银行业虽然受2008年全球金融危机的影响较小，但是却面临着地方政府债务危机、产能过剩和房地产市场降温等因素的冲击。面对庞大的资产规模及潜在的风险，中国银行业是否像《银行家》所公布的那样具有真实竞争力还有待研究，而银行效率的高低能够体现银行的综合竞争力，低效率的银行最终会被淘汰或被高效率的银行兼并。因此，对银行效率的研究就成为关注的焦点。

早期对银行效率的研究更多地停留在规模经济和范围经济方面，认为银行规模的增加是银行效率提升的主要原因，而 Berger 和 Humphrey（1994）的研究结果表明银行效率的改善更多的是来源于银行的 X 效率，而非规模经济和范围经济，于是近期对银行效率的研究又将研究重点转向 X 效率。本书对中国银行业效率的研究主要定位于成本效率和利润效率，成本效率反映了银行在进行资源配置时对成本的控制能力，而利润效率则反映了银行追求利润最大化的能力，通过对银行成本效率和利润效率的分析及测量可以更为全面地反映银行效率的大小。通常在对银行效率进行测量时有不同的模型可以选择，因此会面临模型不确定性问题，而人们在进行效率估计时往往忽略了模型选择问题对效率估计结果的影响。银行的运营过程一直被视为"黑箱"过程，那么银行的真实效率到底是多少？在众多刻画效率的模型中到底哪一个模型才能更加客观地反映银行效率？不同模型对银行效率的估计及排名是否具有一致性？如果不具有一致性，则应当如何处理？解决上述问题有助于对银行效率的研究。

本章结构如下：第一节主要检验不同模型对成本效率和利润效率的估计结果及银行排名是否具有一致性；第二节进一步探讨了考虑到银行风险时的效率问题，其中包括对银行不同风险的测量；第三节对考虑风险因素后中国银行业的效率是否具有收敛性进行检验；第四节为本章小结。

6.1 模型一致性检验

根据前文所介绍的对效率估计的理论与方法，本书在对前沿模型估计结果进行一致性检验时只涉及参数方法，并且分别选取 Battese 和 Coelli（1992）模型（BC92），Battese 和 Coelli（1995）模型（BC95），Cornwell、Schmidt 和 Sickles（1990）模型（CSS）及 Lee 和 Schmidt（1993）模型（LS）作为时变效率模型比较的子集，其中 BC92 模型和 BC95 模型均是对随机效应进行极大似然估计的方法，而 CSS 模型是用改进后的最小二乘虚拟变量法（MLSDV）对固定效应进行估计，LS 模型是用迭代最小二乘法（ILS）对固定效应进行估计，通过比较这四种模型对银行成本效率和利润效率的估计结果及效率排名来判断模型间是否存在一致性。

6.1.1 成本效率和利润效率

成本效率刻画了银行在经营过程中所发生的实际成本与其在相同条件下可能达到最小成本（成本前沿）时的偏离程度。随机成本前沿函数可表示为

$$\ln TC_{it} = f(p_{it}, y_{it}) + v_{it} + u_{it} \tag{6-1}$$

其中，$i=1,2,\cdots,N$，$t=1,2,\cdots,T$，TC 为银行在经营时的真实总成本，p 为相关投入要素的价格，y 为相关的产出，v 表示随机误差项，u 表示非负的无效率项，对于 v 和 u 的假设可参看前文。银行的成本以随机变量 $\exp\{f(p_{it}, y_{it}) + v_{it}\}$ 为其下限，即为成本前沿，TC 为银行经营时实际发生的成本，因此银行的成本效率可表示为

$$CE = \frac{\exp\{f(p_{it}, y_{it}) + v_{it}\}}{TC} = \exp(-u_{it}) \tag{6-2}$$

由此可见成本效率的取值范围为 0 与 1 之间，当无效率项 u 为 0 时，即银行不存在无效率时，成本效率可达到其最大值 1，此时银行的成本效率完全位于成本前沿曲线上，CE 的取值越大说明其无效率项越小，距离成本前沿的位置就越近，因此银行的成本效率就越高，而当 CE 的取值较小时，说明银行的无效率项很高，银行的成本效率位于成本前沿曲线上方且距离较远，因此银行的成本效率较低。

然而银行的经营不仅仅要保证产出成本的最小化，其最终目标是实现银行利润的最大化，即在给定投入价格和产出价格的条件下，银行通过对资源配置的合理调整来实现其利润最大化的目的。而银行实现利润最大化的能力可以通过利润效率来刻画，反映了银行的实际利润水平与其可能实现最大利润水平时的偏离程度，其中银行的利润前沿为其实现最大利润时的水平。随机利润前沿函数可表示为

$$\ln TP_{it} = f(p_{it}, w_{it}) + v_{it} - u_{it} \tag{6-3}$$

其中，$i=1,2,\cdots,N$，$t=1,2,\cdots,T$，TP 为银行的总利润，p 为相关要素的投入价格，w 为相关的产出价格，v 表示随机误差项，u 表示非负的无效率项，其余相关假设类似于成本效率。现实中银行的利润可能为负从而导致无法取对数处理，为了保证取对数的有效性，通常情况下可将 $\ln TP_{it}$ 处理为 $\ln(TP_{it} + |TP_{it}^{\min}| + 1)$，其中 $TP_{it}^{\min}$ 为所有样本中对应的利润最小值。银行的利润效率可表示为

$$PE = \frac{TP}{f(p_{it}, w_{it}) + v_{it}} = \exp(-u_{it}) \tag{6-4}$$

因此，银行利润效率的取值范围为 0 与 1 之间，当 $PE=1$ 时，说明银行的利润效率完全位于随机利润前沿曲线上，PE 的取值越大，则其与随机利润前沿曲线的距离越近，表明银行的利润效率越高，PE 的取值越小，则其位于随机利润前沿下方且距离越远，表明银行的利润效率越低。

满足上述条件的利润效率被称为标准利润效率。标准利润效率假定产出价格和投入价格均是外生的,因此银行可以调整产出数量和投入数量来满足利润最大化的要求,即银行处于完全竞争市场中。然而现实生活中银行业的经营存在一定的市场力量,能够决定其产出价格。针对这种存在市场力量的情况,Humphrey 和 Pulley(1997)提出了替代利润效率的概念,替代利润效率是指银行在给定的产出数量和投入价格下,实际所获得的利润与相同条件下可能获得最大利润时的偏离程度。因此可将标准利润前沿函数式(6-3)变为

$$\ln TP_{it} = f(p_{it}, y_{it}) + v_{it} - u_{it} \tag{6-5}$$

其中,p 为相关要素的投入价格,y 为相关产出量,其余表示均与式(6-3)相同。由于替代利润效率较标准利润效率更符合实际情况,因此本书对利润效率的分析均采用替代利润效率。

在确定随机成本前沿函数和随机利润前沿函数后需进一步确定函数 $f(p_{it}, y_{it})$ 的具体表达形式。通常所用的函数形式有柯布—道格拉斯函数、超越对数函数和傅立叶弹性函数三种。本书采用由 Christensen、Jorgenson 和 Lau(1971)提出的超越对数函数形式,一方面,柯布—道格拉斯函数通常假定银行面临的规模报酬不变,从而不能刻画银行的规模变化对相关效率的影响情况,导致对效率的估计存在偏误,而超越对数函数是成本函数和利润函数的二阶泰勒级数展开的近似,允许规模报酬变化对相关效率的影响,能够刻画投入项和产出项交互影响的作用,是柯布—道格拉斯函数的更广义形式。另一方面,傅立叶弹性函数比超越对数函数具有更一般的表达形式,但是其本身包含过多的参数需要估计,考虑到数据的有限性,并不能保证傅立叶弹性函数对参数估计的可靠性,且 Berger 和 Mester(1997)的研究结果表明傅立叶弹性函数和超越对数函数对数据的分析结果存在一致性。因此采用超越对数函数形式对成本效率和利润效率进行分析,相应的表达式为

$$\ln TC = \beta_0 + \sum_{i=1} \beta_i \ln p_i + \sum_{j=1} \alpha_j \ln y_j + \frac{1}{2} \sum_i \sum_k \beta_{ik} \ln p_i \ln p_k + \sum_i \sum_j \alpha_{ij} \ln p_i \ln y_j$$
$$+ \frac{1}{2} \sum_j \sum_l \gamma_{jl} \ln y_j \ln y_l + v + u \tag{6-6}$$

其中,在进行参数估计时还需对参数施加限制,即需要满足杨氏定理的对称性约束及投入价格线性齐次性的约束,相应的约束条件为

$$\beta_{ik} = \beta_{ki}, \gamma_{jl} = \gamma_{lj}, \sum_i \beta_i = 1, \sum_i \beta_{ik} = 0, \sum_i \alpha_{ij} = 0 \tag{6-7}$$

6.1.2 样本选取

中国银监会 2015 年年报显示,中国的 5 家大型商业银行和 12 家股份制商业

银行的资产规模占到全行业的57.8%,加之英国《银行家》公布的世界前1000家银行的排名及数据的可获得性,选取中国工商银行、中国建设银行、中国银行、中国农业银行、交通银行、招商银行、中信实业银行、浦东发展银行、中国民生银行、兴业银行、中国光大银行、平安银行(原深圳发展银行)、华夏银行、北京银行、广东发展银行、上海银行、上海农商银行、恒丰银行、浙商银行、南京银行、宁波银行这21家银行进行分析。

本书使用的是样本2007~2015年的年度数据,选取此时间段的原因一方面是中国在加入WTO后于2006年底完全放开金融市场并取消对本国银行的保护性措施,本书更加关注面对银行业全面开放的环境并经历了2008年全球金融危机后,中国银行业的效率是怎样的情况。另一方面是所选样本在2007~2015年的数据比较全面,便于对银行效率的分析。相关数据来源于Bankscope数据库、2007~2015年《中国金融年鉴》以及各个银行2007~2015年年报。

6.1.3 投入产出变量选取

在进行银行效率测量时对投入项和产出项不同的选择会导致不同的估计结果,而究竟选取哪项指标作为投入变量和产出变量理论界也没有统一的结论,每种方法划分的背后均体现了对银行作用的不同认识。Berger和Humphrey(1997)将银行投入产出方法划分为"生产法""中介法""资产法""用户成本法"和"增值法"五类,同时第三章中利用Meta回归方法对银行效率影响因素的实证结果也表明随着投入项个数和产出项个数的增加,银行的成本效率具有升高的趋势,利润效率具有降低的趋势,因此在确定银行投入产出项的个数时不宜过多。另外实证结果还表明利息收入作为产出项对银行效率具有显著的影响。目前中国银行业的主营业务收入仍然是以利息收入为主,但是利息收入受到经济周期波动及利率波动的影响较大从而存在不稳定性,因此银行业逐渐增加对非利息收入业务的投入,这使近年来非利息收入在主营业务收入中的比重具有增加的趋势。Rogers(1998)在对美国商业银行的效率进行研究时发现,当考虑到非传统业务作为产出后,银行的成本效率和利润效率均有显著的上升,且银行效率排名也会发生变化,所以在进行银行效率的测算时应包含非传统业务项。

综上所述,将利息收入(y_1)和非利息收入(y_2)作为银行的产出项进行分析,同时将劳动力(x_1)、资本(x_2)和可贷资金(x_3)作为银行的投入项。其中,劳动力价格(p_1)以支付给职工的工资及福利除以职工个数进行衡量,资本价格(p_2)以累计折旧除以固定资产总额进行衡量,而可贷资金价格(p_3)以各项利息支出之和除以存款、借款及证券之和进行衡量。本书并没有采用提取总成本的10%后除以总资产的方法对劳动力价格进行衡量，因为采用此种衡量方法一般是支付给职工的工资及福利、职工个数的相关数据不足所致，而本书选择的样本范围不存在此情况，可通过Bankscope数据库及各银行年报获得相关数据。另外，本书也没有采用营业支出除以固定资产或者非利息支出除以固定资产的方法衡量资本价格，原因在于营业支出及非利息支出不能真实反映固定资产的折旧，常常造成对资本价格的高估。而现有文献中通常采用营业费用除以平均总资产的方法来刻画劳动力和固定资产的平均价格，这也不能很好地反映劳动力和资本价格的实际情况。

本书将银行的总成本定义为利息支出与非利息支出之和，将总利润定义为银行的税前利润，相关投入产出变量的基本数据特征如表6-1所示。

表6-1 投入产出变量数据特征

变量	均值	标准差	最小值	最大值
总成本（TC）	1040.01	1288.9	18.80	5424.27
税前利润（TP）	605.61	887.52	7.22	4055.55
利息收入（y_1）	1545.2	1977.67	31.21	8719.34
非利息收入（y_2）	234.94	355.93	0.42	1585.6
劳动力价格（p_1）	0.295	0.09	0.069	0.523
资本价格（p_2）	0.413	0.171	0.089	1.069
可贷资金价格（p_3）	0.022	0.007	0.012	0.047

注：总成本、税前利润、利息收入和非利息收入的单位均为亿元。

考虑到银行不同资产规模对银行效率测量的影响，本书将总成本、税前利润、利息收入和非利息收入均除以银行的总资产进行调整，同时考虑到参数的对称性约束与线性齐次性约束，因此式（6-6）可变为

$$\ln\left(\frac{TC}{Ap_3}\right) = \beta_0 + \sum_{i=1}^{2}\beta_i\ln\left(\frac{p_i}{p_3}\right) + \sum_{j=1}^{2}\alpha_j\ln\left(\frac{y_j}{A}\right) + \frac{1}{2}\sum_{i=1}^{2}\sum_{k=1}^{2}\beta_{ik}\ln\left(\frac{p_i}{p_3}\right)\ln\left(\frac{p_k}{p_3}\right) +$$

$$\sum_{i=1}^{2}\sum_{j=1}^{2}\alpha_{ij}\ln\left(\frac{p_i}{p_3}\right)\ln\left(\frac{y_j}{A}\right) + \frac{1}{2}\sum_{j=1}^{2}\sum_{l=1}^{2}\gamma_{jl}\ln\left(\frac{y_j}{A}\right)\ln\left(\frac{y_l}{A}\right) + v + u \quad (6-8)$$

其中，A为银行的总资产。对于利润效率的表示与式（6-8）类似，仅需将TC变为TP，同时将无效率项前的正号变为负号。

6.1.4 参数估计及效率测算

本书利用Stata12.0软件对银行的成本效率和利润效率进行测算，参数估计

结果如表 6-2 和表 6-3 所示。

表 6-2 银行成本效率参数估计结果

变量	BC92 系数	BC95 系数	LS 系数	CSS 系数
常数项	−2.731** (1.263)	−0.956 (1.824)		
$\ln(p_1/p_3)$	−0.099 (0.441)	−1.539** (0.589)	−0.828 (0.632)	−0.592 (0.471)
$\ln(p_2/p_3)$	0.397 (0.290)	0.569 (0.460)	0.087 (0.380)	0.808** (0.312)
$\ln(p_1/p_3)^2$	−0.043 (0.035)	0.159*** (0.049)	−0.040 (0.064)	−0.056 (0.037)
$\ln(p_2/p_3)^2$	−0.012 (0.018)	0.022 (0.022)	−0.035 (0.037)	0.016 (0.026)
$\ln(y_1/A)$	−2.115*** (0.428)	−0.701 (0.529)	−0.969 (0.915)	−1.926*** (0.367)
$\ln(y_2/A)$	0.677*** (0.264)	−0.569 (0.453)	0.583 (0.576)	0.278 (0.253)
$\ln(y_1/A)^2$	−0.268*** (0.067)	0.035 (0.101)	−0.180 (0.156)	−0.288*** (0.057)
$\ln(y_2/A)^2$	0.042*** (0.011)	0.004 (0.015)	0.046** (0.018)	0.013 (0.014)
$\ln(y_1/A)\ln(p_1/p_3)$	0.030 (0.086)	0.057 (0.107)	−0.107 (0.128)	−0.192* (0.111)
$\ln(y_1/A)\ln(p_2/p_3)$	0.045 (0.067)	0.042 (0.091)	−0.071 (0.084)	0.172** (0.086)
$\ln(y_2/A)\ln(p_1/p_3)$	−0.067*** (0.025)	−0.166*** (0.032)	−0.083** (0.032)	−0.014 (0.033)
$\ln(y_2/A)\ln(p_2/p_3)$	0.055*** (0.019)	0.096*** (0.022)	0.070** (0.031)	0.044 (0.028)
$\ln(p_1/p_3)\ln(p_2/p_3)$	0.087** (0.041)	0.037 (0.047)	0.109* (0.056)	0.066 (0.048)
$\ln(y_1/A)\ln(y_2/A)$	0.029 (0.068)	−0.206** (0.103)	−0.016 (0.142)	0.044 (0.055)

注：*、**、*** 分别表示 10%、5%、1% 的显著性水平，小括号内为参数估计的标准差。

表6-3 银行利润效率参数估计结果

变量	BC92 系数	BC95 系数	LS 系数	CSS 系数
常数项	9.514** (4.035)	15.232*** (4.485)		
$\ln(p_1/p_3)$	0.566 (1.285)	−3.758** (1.683)	1.553 (2.231)	1.614 (1.491)
$\ln(p_2/p_3)$	−2.475** (1.013)	−0.487 (1.229)	−1.840** (0.832)	−0.237 (1.143)
$\ln(p_1/p_3)^2$	0.329*** (0.111)	0.456*** (0.138)	0.325** (0.145)	0.092 (0.136)
$\ln(p_2/p_3)^2$	−0.009 (0.059)	0.074 (0.072)	−0.081 (0.070)	−0.140 (0.097)
$\ln(y_1/A)$	1.468 (1.356)	2.168* (1.289)	2.045 (1.951)	−1.066 (1.345)
$\ln(y_2/A)$	1.240 (0.870)	1.788 (1.185)	1.528 (1.621)	0.076 (0.928)
$\ln(y_1/A)^2$	−0.128 (0.226)	−0.241 (0.273)	0.012 (0.362)	−0.198 (0.211)
$\ln(y_2/A)^2$	−0.006 (0.033)	0.004 (0.049)	0.065 (0.048)	−0.071 (0.052)
$\ln(y_1/A)\ln(p_1/p_3)$	0.495** (0.246)	−0.173 (0.326)	0.525 (0.383)	0.540 (0.406)
$\ln(y_1/A)\ln(p_2/p_3)$	−0.527** (0.240)	−0.390 (0.283)	−0.432** (0.204)	−0.059 (0.318)
$\ln(y_2/A)\ln(p_1/p_3)$	−0.005 (0.087)	−0.251** (0.112)	0.133 (0.126)	0.046 (0.121)
$\ln(y_2/A)\ln(p_2/p_3)$	−0.126** (0.059)	0.115* (0.063)	−0.143** (0.072)	−0.129 (0.103)
$\ln(p_1/p_3)\ln(p_2/p_3)$	0.007 (0.125)	−0.171 (0.157)	−0.023 (0.147)	0.186 (0.176)
$\ln(y_1/A)\ln(y_2/A)$	0.261 (0.224)	0.332 (0.298)	0.154 (0.369)	0.193 (0.204)

注：*、**、***分别表示10%、5%、1%的显著性水平，小括号内为参数估计的标准差。

从成本前沿函数和利润前沿函数的估计结果可以看出,不同模型的选择使参数估计结果存在差异,从而有可能导致对银行效率的估计结果存在非一致性,这种差异不仅体现在固定效应和随机效应这两种不同效应的选择上,即便在估计同种效应时选择不同的模型也会造成参数估计值存在差异。不同模型下银行成本效率和利润效率估计结果的数据特征如表6-4和表6-5所示。

表6-4 不同模型下成本效率估计结果的数据特征

模型	均值	标准差	最小值	最大值
BC92	0.7373	0.0920	0.4221	0.9088
BC95	0.8965	0.0893	0.4633	0.9877
LS	0.9025	0.0607	0.7036	1
CSS	0.8235	0.1072	0.4431	1

表6-5 不同模型下利润效率估计结果的数据特征

模型	均值	标准差	最小值	最大值
BC92	0.6018	0.1632	0.3596	0.9264
BC95	0.8156	0.1205	0.3394	0.9513
LS	0.6581	0.1635	0.4208	1
CSS	0.5834	0.1919	0.1789	1

从表6-4和表6-5中可以看出,在所选的时间段内,相比其他模型而言,Battese和Coelli(1992)模型对银行成本效率的估计具有最小的均值,表明在对银行的成本效率进行估计时,选用此模型得到的效率估计结果与其他模型相比具有低估的趋势。而LS模型对成本效率的估计具有最大的均值,表明此模型较其他模型而言存在高估成本效率的可能。Battese和Coelli(1995)模型对银行利润效率的估计具有最大的均值,表明此模型较其他模型而言存在高估利润效率的可能。而CSS模型对利润效率的估计具有最小的均值,表明此模型较其他模型而言存在低估银行利润效率的可能。所选的四种模型对银行成本效率的估计均大于利润效率的估计,表明中国银行业的成本效率要高于利润效率。由表6-4和表6-5的基本统计描述还可以发现Cornwell、Schmidt和Sickles(1990)模型及Lee和Schmidt(1993)模型对成本效率和利润效率估计的最大值为1,存在此现象的原因是这两种方法对效率进行估计的思想是其他银行与本行业内最具效率银行之间的比较,从而假定最具效率银行的效率值为1。

样本期内每个银行的平均成本效率和利润效率的估计结果及排序如表6-6和表6-7所示。

表6-6 2007～2015年平均成本效率及排名

银行名称	BC92 效率值	排名	BC95 效率值	排名	CSS 效率值	排名	LS 效率值	排名
工商银行	0.7270	17	0.8977	13	0.8380	10	0.9065	13
建设银行	0.7326	14	0.9226	6	0.8751	5	0.8967	14
中国银行	0.7260	12	0.8354	18	0.7933	16	0.9264	8
农业银行	0.5951	21	0.7748	21	0.6638	21	0.7386	21
交通银行	0.7315	15	0.9121	9	0.8356	11	0.9090	12
招商银行	0.7668	5	0.9032	11	0.8621	6	0.9300	6
中信银行	0.7552	9	0.9330	5	0.8191	14	0.9261	9
浦发银行	0.7870	2	0.9542	3	0.8895	3	0.9590	2
民生银行	0.7113	18	0.8139	19	0.7287	19	0.8666	19
兴业银行	0.7632	6	0.9194	7	0.8558	8	0.9570	3
光大银行	0.7583	7	0.9008	12	0.8562	7	0.9501	4
平安银行	0.7697	4	0.9562	2	0.9289	2	0.9289	7
华夏银行	0.7411	10	0.8886	16	0.8235	12	0.8807	17
北京银行	0.8423	1	0.9639	1	0.9602	1	1	1
广发银行	0.7289	16	0.8920	15	0.8211	13	0.8914	15
上海银行	0.7568	8	0.9061	10	0.8845	4	0.9148	10
上海农商银行	0.6242	20	0.8060	20	0.6803	20	0.7544	20
恒丰银行	0.7408	11	0.8933	14	0.7609	18	0.8833	16
浙商银行	0.7332	13	0.9187	8	0.7968	15	0.9142	11
南京银行	0.7735	3	0.9496	4	0.8473	9	0.9464	5
宁波银行	0.7091	19	0.8869	17	0.7732	17	0.8731	18

表6-7 2007～2015年平均利润效率及排名

银行名称	BC92 效率值	排名	BC95 效率值	排名	LS 效率值	排名	CSS 效率值	排名
工商银行	0.9251	1	0.9167	1	1	1	0.8780	2
建设银行	0.8933	3	0.8796	4	0.9607	2	0.8360	3
中国银行	0.9173	2	0.9041	2	0.9376	3	0.8907	1
农业银行	0.8009	4	0.8927	3	0.8176	4	0.8114	4
交通银行	0.7235	5	0.8529	10	0.7972	5	0.6561	6
招商银行	0.5998	10	0.8435	12	0.5880	13	0.5824	11
中信银行	0.5796	11	0.8533	9	0.6127	11	0.6065	8
浦发银行	0.4900	16	0.8325	14	0.5793	14	0.4592	16
民生银行	0.5347	14	0.8386	13	0.4720	20	0.6741	5
兴业银行	0.6063	9	0.8503	11	0.6431	10	0.5611	12
光大银行	0.5632	12	0.7933	16	0.6067	12	0.5189	14
平安银行	0.3957	20	0.5396	21	0.4800	18	0.3578	20
华夏银行	0.3663	21	0.6785	20	0.4295	21	0.3329	21
北京银行	0.5617	13	0.8727	6	0.7507	6	0.5006	15
广发银行	0.4522	17	0.6818	19	0.4951	17	0.4117	18
上海银行	0.4255	19	0.7646	17	0.5747	15	0.3721	19
上海农商银行	0.4261	18	0.7353	18	0.4776	19	0.4412	17

续表

银行名称	BC92 效率值	排名	BC95 效率值	排名	CSS 效率值	排名	LS 效率值	排名
恒丰银行	0.6328	6	0.8585	8	0.7178	7	0.6061	9
浙商银行	0.5093	15	0.7967	15	0.5419	16	0.5387	13
南京银行	0.6231	7	0.8787	5	0.6875	8	0.6245	7
宁波银行	0.6123	8	0.8635	7	0.6500	9	0.5997	10

从表6-6和表6-7中可以看出，选择不同的模型会导致样本期内每个银行成本效率与利润效率的变动，并进一步导致银行效率排名发生变化。如在对成本效率的分析中，不同的模型对中国工商银行效率的估计值分别为0.7270、0.8977、0.8380和0.9065，相应的排名分别为第17位、第13位、第10位和第13位。选择不同效应模型对某些银行进行效率排名时会产生较大的差异，如在对浙商银行进行效率排名时发现，用BC92模型和BC95模型对成本效率的排名分别为第13位和第8位，而当用CSS模型和LS模型进行效率估计时排名变为第15位和第11位。同时还发现有的银行在利用不同模型进行成本效率测算时的排名具有相似性，如不同模型对农业银行成本效率的排名均为第21位，北京银行的成本效率排名均为第1位。

在对银行利润效率进行分析时发现，不同模型的选择也会影响到银行利润效率的排名，例如，选择不同的模型对民生银行的利润效率进行测量，其排名分别为第14位、第13位、第20位、第5位。同种效应模型的不同方法也会对一些银行的利润效率产生影响，如利用BC92模型和BC95模型对北京银行的利润效率进行测量，其排名从第13位变为第6位，而恒丰银行从第6位变为第8位，利用CSS模型和LS模型对上海银行的效率进行测量，其排名从第19位变为第15位。同时发现不同模型的选择会对一些银行利润效率的排名产生稳定的结果，如在不同方法下工商银行利润效率排名稳定在前两位。

从上述研究中可以发现，在对银行效率进行估计时，不同模型的选择会导致相关效率测量结果的不同，但是对效率排名的影响却存在不确定性，即某些银行对不同模型选择所造成的排名结果差异比较大，而另一些银行却对不同方法选择所造成的排名结果不敏感。为了进一步研究不同方法的选择是否对银行效率估计结果存在显著差异，以及不同方法的选择是否也会对效率排名存在显著差异，对相关结果进行统计上的检验。

6.1.5 模型非一致性检验

本书对模型的一致性检验并不是基于相关系数检验，如其他文献中经常用到的 Spearman 秩相关检验，而是主要基于配对样本检验，原因在于本书并不是验证不同方法之间是否存在相关性，而是验证不同方法的选择对银行效率估计结果是否有显著的差异。配对样本检验又分为参数法和非参数法，其中参数法需要检验样本是否服从正态分布，各个样本之间的方差是否相等的假定，而非参数法却对样本的具体分布不做过多的假定，从而具有较大的灵活性。但是参数法比非参数法具有更高的势，因此在选择检验方法之前需先对样本的正态分布及同方差性进行检验，如果满足参数法的假设条件，则用参数法对模型的非一致性进行检验，如果不满足参数法的条件，则用非参数法进行检验。

先对所测得的成本效率和利润效率分布进行检验，检验结果如表6-8所示。

表6-8 成本效率和利润效率正态分布检验

变量	偏度	峰度	矫正卡方	P值
CE1	0.0003	0.3598	12.15	0.0023
CE2	0.0000	0.0000	65.09	0.0000
CE3	0.0000	0.0002	41.5	0.0000
CE4	0.0000	0.0101	20.16	0.0000
TE1	0.0003	0.1347	12.88	0.0016
TE2	0.0000	0.0000	57.09	0.0000
TE3	0.0061	0.7663	7.14	0.0281
TE4	0.0004	0.0468	13.75	0.0010

其中，CE为成本效率，TE为利润效率，1为BC92模型，2为BC95模型，3为CSS模型，4为LS模型。从表6-8中可以看出在显著性水平为0.05的条件下，成本效率和利润效率的分布均不满足正态分布的要求，进一步对成本效率和利润效率的同方差性进行检验，可得检验统计量的值分别为58.37和39.35，对应的p值分别为0.0000和0.0000，成本效率和利润效率的同方差性也没有满足。因此本书选取非参数法对模型的一致性进行检验。本书选取不同的估计方法对同一问题进行估计，属于多样本配对检验问题，所以选择Friedman检验方法对模型非一致性问题进行检验，考虑到相同效应模型对效率估计结果可能存在一致性，于是利用Wilcoxon符号秩检验进一步对两两方法之间的差异性进行检验，检验结果如表6-9所示。

表6-9 模型非一致性检验

	成本效率		利润效率	
	统计量	P值	统计量	P值
BC92=BC95	-11.81	0.0000	-11.36	0.0000
BC92=CSS	-11.92	0.0000	-10.59	0.0000
BC92=LS	-10.66	0.0000	2.80	0.0050

续表

	成本效率		利润效率	
	统计量	P值	统计量	P值
BC95=CSS	−0.21	0.8302	10.29	0.0000
BC95=LS	9.29	0.0000	11.39	0.0000
CSS=LS	10.21	0.0000	7.81	0.0000
Friedman test	521.71	0.0000	597.49	0.0000

其中，Friedman检验的原假设为不同方法的选择对银行效率估计结果没有影响，Wilcoxon符号秩检验的原假设为两种方法的估计结果没有差异。从表6-9的检验结果可以看出，无论是成本效率的Friedman检验，还是利润效率的Friedman检验均表现出不同模型的选择会对效率测算结果产生显著性差异。进一步对两两模型之间测算结果的差异性进行检验时发现，在对成本效率进行测算时，仅BC95模型和CSS模型不存在显著差异，其余任意两模型对成本效率的测算均存在显著的差异，而且同种效应不同模型的选择会导致估计结果的差异性，如BC92模型和BC95模型、CSS模型和LS模型的测算结果表现出显著的异质性。而不同模型选择对银行利润效率的估计结果具有显著的影响，这种差异不仅体现在固定效应模型和随机效应模型的选择上，如BC92模型和BC95模型对银行效率的估计结果与CSS模型和LS模型估计结果之间具有显著的差异，而且即便是选择同种效应模型也会存在显著差异，如BC92模型估计结果与BC95模型估计结果存在显著差异，而CSS模型估计结果和LS模型估计结果之间也存在显著差异。

不同估计方法产生的银行效率估计结果的差异是否也会对银行效率排名产生影响？本书进一步利用Kendall的W系数（协调系数）对银行效率排名的一致性进行检验，其原假设为不同方法的选择对银行效率排名不具有一致性，且W系数的取值范围为0到1，当W系数为0时，说明不同方法对效率估计的排名不具有一致性，而当W系数为1时，说明不同方法对效率估计的排名完全一致，W系数越大，其一致性就越强。成本效率和利润效率所对应的Kendall的W系数分别为0.8565和0.9107，相应的P值为0.0000和0.0000，因此应拒绝原假设，即认为不同方法选择对银行效率排名存在一致性。

通常在对银行效率进行测量时会面对模型选择风险，不同模型的选择对效率估计结果存在显著的差异，而相关文献对模型的选择带有一定的主观性，从而导致对银行效率的测算出现偏差，如文献中经常利用BC95模型对银行成本效率和利润效率进行估计，本书在利用Wilcoxon符号秩检验对BC95模型和其他模型进行比较时发现，在所选的样本期内使用不同方法对银行效率进行测算时均有189个测量值，其中在成本效率分析中BC95模型的估计值有185个大于BC92模型，有 104 个大于 CSS 模型，有 150 个大于 LS 模型；在利润效率分析中发现 BC95 模型有 171 个估计值大于 BC92 模型，有 157 个估计值大于 CSS 模型，有 166 个估计值大于 LS 模型。所以在分析银行效率时如果选用 BC95 模型，则其相应的效率估计值一般会存在高估效率的风险。然而，并不是所有随机效应模型的估计结果均大于固定效应模型，如在比较 BC92 模型与固定效应模型时发现，在成本效率中 BC92 模型的估计值均小于 CSS 模型，有 166 个估计值小于 LS 模型。在本书所选的两个固定效应模型中，LS 模型对成本效率和利润效率的估计值较 CSS 模型的估计值更高，其中 LS 模型有 160 个成本效率的估计值高于 CSS 模型，而有 147 个利润效率的估计值高于 CSS 模型。

6.1.6 模型平均法对银行效率的估计

考虑到银行效率的测算有一定的特殊性，银行经营过程被看作一个"黑箱"过程，并不能确定银行效率的真实值，所以权重的计算并不能基于使均方误达到最小的方法。而不同模型的选择并不会对银行效率排名产生显著的影响，因此一种更加稳妥的方法是将固定效应模型估计结果与随机效应模型估计结果进行简单加权平均处理，这样做可以降低模型选择的不确定性对银行效率测量结果的影响，在样本期内经加权处理的银行成本效率和利润效率及排名如表 6-10 所示。

表 6-10 2007～2015 年平均成本效率与平均利润效率及排名

银行名称	成本效率	排名	利润效率	排名
工商银行	0.8423	12	0.9282	1
建设银行	0.8567	10	0.8924	3
中国银行	0.8228	16	0.9125	2
农业银行	0.6931	21	0.8307	4
交通银行	0.8470	11	0.7574	5
招商银行	0.8655	8	0.6534	12
中信银行	0.8584	9	0.6630	11
浦发银行	0.8974	2	0.5902	16
民生银行	0.7801	19	0.6298	13
兴业银行	0.8738	5	0.6652	10
光大银行	0.8663	6	0.6205	14
平安银行	0.8959	3	0.4433	21
华夏银行	0.8335	14	0.4518	20
北京银行	0.9416	1	0.6714	9
广发银行	0.8334	15	0.5102	19
上海银行	0.8656	7	0.5342	17
上海农商银行	0.7162	20	0.5200	18

续表

银行名称	成本效率	排名	利润效率	排名
恒丰银行	0.8196	17	0.7038	6
浙商银行	0.8407	13	0.5966	15
南京银行	0.8792	4	0.7035	7
宁波银行	0.8106	18	0.6814	8

从表 6-10 可以看出北京银行在样本期内的平均成本效率为 0.9416，在所选的样本范围内排名第一，而农业银行的平均成本效率为 0.6931，排名最低；在利润效率的分析中，工商银行的平均利润效率为 0.9282，排在第一位，平安银行的平均利润效率为 0.4433，排在最后一位。在 5 家大型商业银行中，建设银行具有最高的成本效率，而工商银行具有最高的利润效率；在其余商业银行中，北京银行具有最高的成本效率，而恒丰银行具有最高的利润效率。银行过大的资产规模虽然没有为其带来较低的成本效率，但却为其带来较高的利润效率，如中国银行业资产规模最大的 5 家银行（中国工商银行、中国建设银行、中国银行、中国农业银行以及交通银行）的利润效率均排在前 5 位。成本效率较高的银行不一定具有较高的利润效率，利润效率较高的银行也不一定具有较高的成本效率，如平安银行的成本效率排名第 3 位，而其利润效率却排名第 21 位，农业银行的成本效率虽然很低，但其却具有较高的利润效率。

此外，模型平均方法所得的效率测算结果与其他模型得到的测算结果存在显著的差异性，如对成本效率进行测算时发现，模型平均法与 BC92、BC95、CSS、LS 四种模型的 Wilcoxon 符号秩检验统计量分别为 -10.60、7.07、8.37 和 -2.03，所对应的 P 值分别为 0.0000、0.0000、0.0000 和 0.0428，因此在 5% 的显著水平下，模型平均法所得测算结果显著异于其他四种模型。而在对利润效率进行测算时发现，模型平均法与上述四种模型的 Wilcoxon 符号秩检验统计量分别为 -1.96、7.56、0.17、-2.88，相应的 P 值分别为 0.0499、0.0000、0.8624、0.0039，因此在 5% 的显著水平下，除 CSS 模型外，模型平均法与其余三种模型的测算结果均存在显著差异，即使模型平均法与 CSS 模型测算结果差异不显著，但相较于 CSS 模型，模型平均法具有更小的模型选择风险，因此所得结果更具稳健性。但这种效率测算上的差异并没有反映在银行效率排名上，在利用模型平均法对成本效率和利润效率进行分析时发现，Kendall 的 W 系数分别 0.5288 和 0.9258，相应的 P 值分别为 0.0000 和 0.0001，因此模型平均法所得的测算结果对银行效率排名的影响并不显著。

6.2 银行风险测算

上述对银行成本效率及利润效率的估计均没有考虑银行风险的影响,而银行风险在银行经营过程中是客观存在的,如果不考虑银行风险,那么银行效率的测算结果可能存在偏差,本节将考虑银行风险对银行效率测算结果的影响。由于银行在增加其产出的同时往往伴随着风险的相对增加,本书并没有将风险当作银行的投入变量,而是把风险当作产出变量并将其视为一种坏产出。虽然银行在其经营过程中会面临众多的风险,但本书对银行风险的测算主要集中于银行的信用风险、市场风险和操作风险,此三种风险也是《巴塞尔协议》中关注的重点。

6.2.1 信用风险

信用风险是指由于借款人违约而不能及时或者足额偿还相关债务从而导致银行发生损失的可能性。而引起信用风险的因素有很多,既有外部因素的影响又有内部因素的影响。其中,外部因素的影响不仅包括经济周期对信用风险的影响,如在经济扩张期时借款人的盈利能力较好,因此能够及时或全额地偿还相关债务,而当经济处于紧缩时期时借款人的盈利能力出现恶化,从而导致其对债务的偿还出现延期或不足额偿还的可能,还包括随机性事件等对信用风险的影响。外部因素的影响又称为系统性风险,只能通过转嫁或规避来减小风险的影响。内部因素的影响主要包括银行风险管理体制的不完善,如对借款人相关信息获取不充分从而导致对借款人的信用评级出现错误,或者对相关抵押物价值的估计出现错误的判断等。内部因素的影响又称为非系统风险,可通过完善信息披露制度等手段来减小风险。

按照《巴塞尔协议》的相关规定,信用风险的测量方法通常可分为标准法和内部评级法,其中内部评级法又分为基本内部评级法和高级内部评级法,这三种方法对银行信用风险的敏感性逐步增强且对信用风险估计的复杂程度也不断增加,巴塞尔委员会建议业务比较单一、风险管理体制相对薄弱且相关数据比较少的银行可用标准法对银行信用风险进行测量,而相关数据健全、管理体系比较完善的银行可使用内部评级法对信用风险进行测量。

在利用标准法进行测算时需要按照规定将银行资产进行分类,每项分类资产对应不同的风险权重,属于表外资产的需用信用转换系数表将表外资产转换成表内资产处理,随后用违约风险敞口乘以相应的风险权重便可得到银行面临的信用风险。

在利用内部评级法时需按照《巴塞尔协议》的规定，将银行账户按照不同的风险特征分为5类，其中包括主权、银行、公司、零售和股权，按照中国银监会公布的《商业银行资本管理办法（试行）》可将银行账户分为主权、金融机构、公司、零售、股权和其他，其中主权、金融机构和公司的风险暴露被称为非零售风险暴露。内部评级法将信用风险看作违约概率、违约损失概率和违约风险敞口的函数，其中在测算非零售风险暴露时还需考虑期限长度对信用风险的影响。基本内部评级法仅需对违约概率进行估计，违约概率的估计方法一般基于 VaR（Value at Risk）模型，其中又包括 Credit Metrics 模型、KMV 模型、Credit Portfolio View 模型和 Credit Risk$^+$ 模型，而违约损失概率和违约风险暴露均由巴塞尔委员会规定。高级内部评级法不仅需要对违约概率进行估计，还需要进一步对违约损失概率和违约风险暴露进行估计。中国银监会还规定采用内部评级法的银行其资产覆盖率要大于50%，并在三年内达到80%。

然而巧妇难为无米之炊，由于中国银行业对外公布的数据相对有限，不能应用标准法及内部评级法对银行信用风险进行测算，又由于不良贷款余额是银行信用风险监管指标中重要的变量，因此本书选用不良贷款余额作为银行信用风险的替代，不良贷款余额数据来源于 Bankscope 数据库及各银行的年报。

样本期内中国银行业不良贷款整体状况如图 6-1 所示，数据来源于中国银监会。

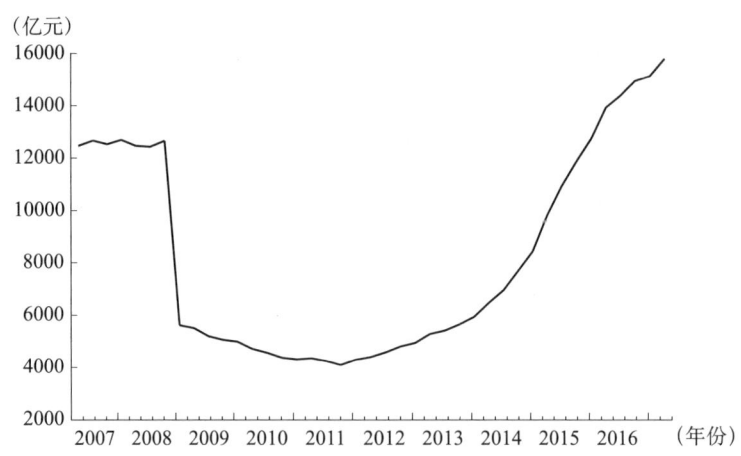

图 6-1 2007 年第一季度至 2017 年第一季度中国银行业不良贷款余额

从图 6-1 可以看出中国银行业的不良贷款余额在样本期内表现出先降后升的趋势，其中在 2008 年出现较为明显的下降，不良贷款余额由 2008 年第三季度的 12654.3 亿元下降到 2008 年第四季度的 5602.5 亿元，同一时期内国有商业银行的不良贷款余额由 11173.8 亿元下降到 4208.2 亿元, 而股份制商业银行的不良贷款余额由 731.6 亿元下降到 657.1 亿元。由此可以看出,国有银行不良贷款余额的明显下降是此次银行业不良贷款余额下降的主要原因,具体下降的原因为财政部对农业银行近 8000 亿元不良资产的剥离。此后,中国银行业的不良贷款余额持续下降,并下降到 2011 年第三季度的最低点 4078 亿元,然而由于面临经济下行的压力,加之政府对房地产产业的控制、产能过剩问题突出以及地方政府债务危机爆发的可能性增大,银行业的不良贷款出现逐步上升的趋势,到 2017 年第一季度,我国银行业不良贷款余额为 15795 亿元。同时,中国银行业的不良贷款率也表现出了先降后升的趋势,不良贷款率先是由 2007 年第一季度的 6.63% 下降到 2011 年第三季度的 0.9%,随后又上升到 2017 年第一季度的 1.74%。其中,大型商业银行的不良贷款余额和不良贷款率均高于股份制商业银行,产生此差异的原因一方面是大型商业银行具有较大的资产规模,因此相比资产规模较小的银行,大型银行会面临更大的风险,另一方面是大型商业银行的风险管理体系还不够完善,而且伴随着在经济发展过程中的贷款历史遗留问题。从不良贷款的结构来看,农行对不良资产的剥离导致银行业的不良贷款余额由可疑类贷款和损失类贷款为主变为次级类贷款和可疑类贷款为主,贷款质量相对提升,如 2007 年第一季度次级类、可疑类、损失类贷款占比分别为 1.39%、2.75%、2.48%,而到 2017 年第一季度这三类贷款占比分别变为 0.70%、0.77%、0.27%。

6.2.2 市场风险

巴塞尔委员会将市场风险定义为市场价格波动导致银行表内和表外业务遭受损失的风险,其中市场风险又包括利率风险、股票风险、汇率风险、商品风险以及期权风险。此种定义更加侧重于银行的交易账户,然而市场风险对银行的影响不仅局限于银行的交易账户,还会波及银行账户,如当利率发生波动时银行资产负债的结构不匹配造成的风险敞口等,因此在分析市场风险时也应考虑到银行账户。

中国银监会将市场风险测量方法分为标准法和内部模型法。在利用标准法对市场风险进行测量时,利率风险需根据债券评级的不同以及期限的差异选择不同的风险权重进行处理;而股票风险、汇率风险和商品风险需按照不同的固定风险权重计提,如股票风险和汇率风险的风险权重为 8%,而商品风险的风险权重为 15%。标准法虽然具有计算简便的优点,但是此方法并不能真实地反映银行面临的市场风险大小。

内部模型法以 VaR 模型为基础对市场风险进行测算, VaR 模型是指在一定的概率水平下,某一资产组合在未来特定时间内的最大可能损失,此方法考虑了不同银行的风险特点及资产分散化的情况，能够更加真实地反映银行所面临的市场风险，同时此方法也是国际上通用的商业银行测算市场风险的标准方法（BIS的要求），因此本书基于 VaR 模型对中国银行业的市场风险进行测算，其中 VaR 模型又可分为相对 VaR 模型和绝对 VaR 模型，两者的区别在于是否以投资组合的期望回报为基准（相对 VaR 模型以期望回报为基准），本书均基于相对 VaR 模型进行分析。VaR 模型估计的方法又可分为参数法和非参数法，其中参数法包括方差—协方差法，非参数法包括历史模拟法和蒙特卡罗模拟法，不同的估计方法各有其优缺点，本书选取方差—协方差方法进行分析。

由 VaR 模型的定义可以看出，如果想要对市场风险进行测算，则首先需要确定概率水平（置信水平）、资产组合的持有时间以及资产组合的收益率分布函数，VaR 模型的表达式如式（6-9）所示：

$$VaR = V_0 z_\alpha \sigma \sqrt{\Delta t} \tag{6-9}$$

其中，V_0 为资产组合的初始价值，z_α 由资产组合收益率分布函数决定，表示为给定置信水平 α 时的分位数，σ 为资产组合收益率的波动率，Δt 为资产组合持有时间。而中国银监会将置信水平规定为 99%，持有时间由资产组合的交易性质决定，资产组合初始价值由每个银行的情况决定，因此仅需对资产组合收益率的波动率进行估计，本书利用 GARCH 模型对波动率进行估计。

根据中国《商业银行法》的相关内容，中国银行业不能从事股票交易活动，且目前尚处于分业经营状态，考虑到汇率、商品及期权在银行经营活动中所占比例较小，本书仅对利率风险进行测算。由于利率风险会对银行交易账户和银行账户产生影响，并根据中国银监会规定的市场风险标准法中对利率风险内容的划分，选取每年存贷差的绝对值、债券以及相关衍生品三者之和作为银行资产组合的初始值，其中债券及相关衍生品属于银行交易账户，而存贷差属于银行账户。随着中国利率市场化程度的不断加深以及货币市场的不断完善，中国于 2007 年 1 月 4 日正式开始运行上海银行间同业拆放利率（Shibor），Shibor 可看作中国货币市场的基准利率，投资者的收益、融资成本以及相关金融产品的价格均以 Shibor 为参考基础，因此将 Shibor 隔夜拆借利率对数的 1 阶差分形式作为资产组合的收益率进行分析，即 $y_t = \ln r_t - \ln r_{t-1}$，其中 r 为隔夜拆借利率。隔夜拆借利率的数据范围为 2007 年 1 月 4 日至 2015 年 12 月 31 日的日度数据，共 2248 个数据，而资产组合的数据范围为 2007~2015 年的年度数据。因为资产组合是年度数据，而 Shibor 隔夜拆借利率为日度数据，所以此处将资产组合收益率的方差设定为银行每个年度内日度数据的平均值，资产组合的持有时间为 1 年，此处 $\Delta t = 1$，由此可测算各银行每年所面临的风险大小。数据来源于 Bankscope 数据库和上海银行间同业拆放利率官网。

（1）单位根检验。由于 GARCH 模型要求数据的平稳性，在建模之前应对序列的单位根进行检验，本书采用 ADF 法进行单位根检验，考虑到所分析的数据属于金融变量，而金融变量存在异方差的可能性很高，ADF 法虽然考虑了自相关问题，但是对异方差的情形考虑不足，而 PP 法允许误差项存在异方差问题，是 DF 检验的一种修正，因此本书同时利用 PP 法对序列进行单位根检验。ADF 检验与 PP 检验的原假设均为序列存在单位根过程，检验结果如表 6-11 所示。

表 6-11　单位根检验结果

	检验统计量	5%临界值
ADF 检验	−42.9551***	−1.9410
PP 检验	−45.0038***	−1.9410

注：ADF 检验与 PP 检验均选择无截距项及趋势项时的检验，其中 ADF 检验的滞后阶数为 0，PP 检验的窗宽为 28。

从表 6-11 的检验结果可以看出 ADF 检验统计量与 PP 检验统计量的值均小于 5%的临界值，因此拒绝原假设，表明所分析的时间序列是平稳的。

（2）模型建立。首先根据 y 的自相关函数和偏自相关函数图（如图 6-2 所示）建立相应的 ARMA 模型，从自相关函数和偏自相关函数图中可以看出序列在滞后 1、2、5、8、9、10、13、15、16 阶处不显著，因此可建立 AR 模型，模型估计结果如表（6-12）所示。

Autcorrelation	Partial Correlation		AC	PAC	Q-Stat	Prob
		1	0.098	0.098	21.496	0.000
		2	−0.035	−0.045	24.181	0.000
		3	−0.008	−0.000	24.338	0.000
		4	−0.031	−0.032	24.538	0.000
		5	−0.065	−0.059	35.994	0.000
		6	−0.046	−0.036	40.715	0.000
		7	−0.021	−0.018	41.668	0.000
		8	−0.081	−0.083	56.410	0.000
		9	−0.065	−0.065	65.870	0.000
		10	−0.068	−0.072	76.334	0.000
		11	−0.004	−0.004	76.365	0.000
		12	−0.015	−0.032	76.891	0.000
		13	−0.030	−0.045	78.985	0.000
		14	−0.012	−0.028	79.285	0.000
		15	−0.053	−0.074	85.563	0.000
		16	−0.041	−0.053	89.310	0.000
		17	−0.008	−0.028	89.453	0.000
		18	−0.009	−0.021	89.657	0.000
		19	−0.016	−0.009	90.270	0.000
		20	−0.067	−0.040	100.32	0.000

图 6-2　y 的自相关和偏自相关函数

表 6-12 AR 模型估计结果

变量	系数	标准差	t 值	P 值
y_{t-1}	0.0858***	0.0211	4.0740	0.0000
y_{t-2}	−0.0577***	0.0210	−2.7457	0.0061
y_{t-5}	−0.0783***	0.0210	−3.7281	0.0002
y_{t-8}	−0.0876***	0.0210	−4.1579	0.0000
y_{t-9}	−0.0505**	0.0211	−2.3950	0.0167
y_{t-10}	−0.0768***	0.0211	−3.6331	0.0003
y_{t-13}	−0.0461**	0.0210	−2.1992	0.0280
y_{t-15}	−0.0652***	0.0210	−3.1005	0.0020
y_{t-16}	−0.0428**	0.0210	−2.0341	0.0421
R^2	0.0376	DW	2.0147	

注：*、**、*** 分别表示 10%、5%、1% 的显著性水平。

在 AR 模型建立后进一步对 ARCH 效应进行检验，由 AR 模型残差平方的相关函数和偏自相关函数图（如图 6-3 所示）可知其在一阶滞后处显著，进一步利用 ARCH-LM 检验发现滞后一阶的 LM 检验统计量的值为 128.86，相应的概率为 0.0000，因此应拒绝原假设，从而说明模型存在 ARCH 效应，可以利用 GARCH 模型进行分析。

Autcorrelation	Partial Correlation		AC	PAC	Q-Stat	Prob
		1	0.234	0.234	122.14	0.000
		2	0.086	0.033	138.54	0.000
		3	0.112	0.090	166.54	0.000
		4	0.046	−0.001	171.32	0.000
		5	0.058	0.041	178.77	0.000
		6	0.048	0.017	183.94	0.000
		7	0.029	0.008	185.82	0.000
		8	0.034	0.016	188.34	0.000
		9	0.047	0.030	193.32	0.000
		10	0.031	0.007	195.43	0.000
		11	0.054	0.039	201.94	0.000

图 6-3 AR 模型残差平方自相关和偏自相关函数

GARCH 模型的基本表达式为

$$y_t = x_t'\beta + \varepsilon_t$$

$$\varepsilon_t = \sqrt{h_t} \cdot \upsilon_t, \varepsilon_t \mid \Psi_{t-1} \sim N(0, h_t)$$

$$h_t = \alpha_0 + \sum_{i=1}^{p} \theta_i h_{t-i} + \sum_{i=1}^{q} \alpha_i \varepsilon_{t-i}^2 \qquad (6-10)$$

其中，Ψ_{t-1} 为到 $t-1$ 期时的所有信息集，υ_t 独立同分布且期望为 0、方差为

1，同时需要满足 $\alpha_0>0$，$\theta_i\geqslant 0$，$\alpha_i\geqslant 0$，$0\leqslant \sum_{i=1}^{p}\theta_i+\sum_{i=1}^{q}\alpha_i<1$，从而保证 GARCH 模型的平稳性，称式（6-10）为 GARCH（p，q）模型。当 $p=0$ 时，式（6-10）为 ARCH（q）模型。

在对收益率进行分析时发现其偏度为 -0.0721，峰度为 25.7666，JB 统计量的估计结果为 48529.73，相应的概率为 0.0000，因此收益率的分布并不满足正态分布的假定，而是具有尖峰厚尾的特征。对 GARCH 模型进行估计时如果继续假定模型服从正态分布则可能会出现偏误，而广义误差分布（GED）是一种比正态分布更加灵活的概率密度函数，当其分布参数为 2 时 GED 便退化为正态分布，当分布参数大于 2 时表明 GED 有更薄的尾部，而当分布参数小于 2 时表明 GED 有更厚的尾部，因此在对模型参数进行估计时本书利用 GED 代替正态分布的假设。

通常情况下，较小的 p 值和 q 值便能刻画自回归条件异方差的情况，所以本书选取 GARCH（1，1）模型进行分析。在利用极大似然法对参数进行估计时发现 ARCH 项前的系数与 GARCH 项前的系数之和大于 1，不满足模型平稳性条件，表明模型对外部冲击具有长久的记忆性，可利用 IGARCH（1，1）模型进行分析，均值方程与方差方程的估计结果如表 6-13 所示，其中极大似然法对 GED 分布参数的估计值为 0.4917。

表 6-13 IGARCH（1，1）模型估计结果

变量	系数	标准差	Z 值	P 值
y_{t-1}	0.1362***	0.0045	30.0058	0.0000
y_{t-2}	0.0250***	0.0031	7.9621	0.0000
y_{t-5}	0.0171***	0.0024	7.1847	0.0000
y_{t-8}	−0.0060***	0.0021	−2.8709	0.0041
y_{t-9}	0.0052*	0.0028	1.8195	0.0688
y_{t-10}	−0.0051*	0.0026	−1.9378	0.0526
y_{t-13}	−0.0044*	0.0023	−1.9528	0.0508
y_{t-15}	0.0036***	0.0013	2.8347	0.0046
y_{t-16}	0.0049**	0.0021	2.3193	0.0204
ε_{t-1}^2	0.1461***	0.0050	29.0295	0.0000
h_{t-1}	0.8538***	0.0050	169.5920	0.0000
R^2	0.0029	DW	2.0597	

注：*、**、*** 分别表示 10%、5%、1% 的显著性水平。

进一步对模型的残差进行检验，首先检验残差项是否还存在额外的 ARCH 效应，其滞后一阶的 LM 检验统计量的值为 0.0025，相应的概率为 0.9598，表

明所建立模型的残差项并不存在额外的 ARCH 效应。其次检验模型的残差项是否存在序列相关性，相应的自相关和偏自相关函数图如图 6-4 所示，从图 6-4 可以看出模型的残差项并不存在自相关性。因此，所建立的 IGARCH（1，1）模型能够合理地刻画收益率的波动率情况并能够在此基础上估计出相应方差的大小，从而确定银行市场风险的大小。由于收益率的波动率为日度数据，而资产组合为年度数据，本书将每年内波动率日度数据的平均值当作年度波动率，银行市场风险估计结果如附录 B 所示。

Autcorrelation	Partial Correlation		AC	PAC	Q-Stat	Prob*
		1	0.048	0.048	5.2539	0.022
		2	0.011	0.009	5.5239	0.063
		3	0.031	0.031	7.7320	0.052
		4	-0.007	-0.010	7.8317	0.098
		5	-0.005	-0.005	7.8892	0.162
		6	-0.004	-0.004	7.9193	0.244
		7	0.005	0.006	7.9678	0.335
		8	-0.021	-0.021	8.9419	0.347
		9	0.001	0.003	8.9430	0.443
		10	-0.000	-0.001	8.9433	0.537
		11	0.019	0.020	9.7194	0.556
		12	-0.001	-0.004	9.7237	0.640
		13	0.014	0.013	10.139	0.683
		14	0.003	0.000	10.155	0.751

图 6-4 IGARCH（1，1）模型残差的序列相关

6.2.3 操作风险

随着金融产品的不断创新以及新技术的不断推广，银行业务的复杂程度也不断加深，银行的操作风险处于越来越显著的地位，即便银行的财务状态处于合理范围，资本充足率也符合监管要求，银行仍会因遭受操作风险而面临严重的财务危机甚至破产，如巴林银行事件以及日本大和银行事件。巴塞尔委员会将操作风险定义为"不完善或有问题的内部程序、人员及系统或外部事件造成损失的风险"，其中法律风险包括在操作风险范围内，策略风险和商誉风险并不属于操作风险。

根据操作风险的定义可知，引起操作风险的因素分为内部因素和外部因素，内部因素包括员工操作失误、欺诈交易、定价风险、数据录入错误以及系统存在漏洞等，而外部因素包括政策调整、政治风险等。操作风险存在于银行的各项业务中，业务频率较高的部门发生操作风险的可能性更大，业务频率较低的部门发生操作风险的可能性很小，但其所带来的损失不一定很小。与信用风险和市场风险不同，操作风险只能带来损失而不能带来收益，且在银行的可控范围内，是一

种非系统风险。

银行操作风险的测量方法可分为基本指标法、标准法和高级计量法，三种方法对数据的要求及模型的复杂程度依次增加。其中，基本指标法将银行前三年总收入的平均值数据乘以所规定的比例作为操作风险的测量，即

$$K = GI \times \alpha \tag{6-11}$$

其中，K 为操作风险的估计值，而 GI 为前三年总收入的平均值，总收入为净利息收入与非利息收入之和，巴塞尔委员会将 α 设定为 15%。

标准法进一步将总收入按不同部门进行细分，按照业务种类银行可分为"公司金融""交易和销售""零售银行业务""商业银行业务""支付和清算""代理服务""资产管理""零售经济"八个部门，每个部门的总收入均需按照巴塞尔委员会规定的权重进行加权处理，从而得到相应的操作风险估计值。

高级计量法包括打分卡法、内部计量法、极值原理法、贝叶斯网络法、损失分布法等，其对操作风险的敏感度要高于基本指标法和标准法，因此更能反映银行操作风险的真实情况。然而其对数据的要求也较高，需要至少 5 年的内部损失数据。考虑到数据的可得性，本书利用基本指标法对中国银行业的操作风险进行估计，而在计算 2007 年银行业的操作风险时上海农商银行和恒丰银行的相关数据不足，因此本书仅对可得数据的总收入进行平均，估计结果如附录 B 所示。

6.2.4 银行风险对银行效率影响

现有文献对银行效率的研究并没有充分考虑银行风险的影响，即便考虑到风险因素也仅停留在不良贷款余额方面。一部分学者将不良贷款余额当作产出进行研究，并将其视为一种坏产出；而另一部分学者将贷款视为产出项并通过剔除不良贷款余额进行修正；还有一部分学者将不良贷款当作影响银行效率的因素进行分析。而本书认为银行在追求业务扩张的同时会产生风险，即银行风险属于银行的产出项，并根据《巴塞尔协议》的相关内容对银行的信用风险、市场风险和操作风险进行测量，从而将三种风险之和作为银行面临的总风险进行分析，考虑到规模较大的银行会相对面临较高的风险，为消除银行规模对风险的影响，本书将风险除以银行规模进行计算。根据前文的研究，在估计银行效率时会面临模型选择风险，因此本书以 BC92 模型、BC95 模型、CSS 模型和 LS 模型 4 种模型的简单平均作为考虑到银行风险的模型估计结果，并将考虑到银行风险的效率测算结果与未考虑银行风险的效率测算结果进行检验，检验方法为 Wilcoxon 符号秩检验，相关结果如表 6-14 所示。

表 6-14 银行风险对银行效率估计结果的影响

	成本效率		利润效率	
	统计量	P 值	统计量	P 值
E1=RE1	−10.384	0.0000	11.922	0.0000
E2=RE2	4.878	0.0000	−4.962	0.0148
E3=RE3	8.849	0.0000	6.794	0.0000
E4=RE4	−9.484	0.0000	−7.684	0.0000
ME=RME	0.472	0.6369	3.216	0.0015

其中，E 为没有考虑风险因素的效率测算结果，RE 为考虑到风险因素的测算结果，ME 为模型平均法对银行效率的估计，1 为 BC92 模型，2 为 BC95 模型，3 为 CSS 模型，4 为 LS 模型。

从表 6-14 的检验结果可知，在显著性水平为 5% 的条件下，四种模型之间考虑到风险因素的成本效率估计与未考虑到风险因素的成本效率存在显著差异。其中，RE1 的成本效率估计值有 165 个大于 E1 的估计值，RE2 仅有 72 个估计值大于 E2，RE3 有 39 个估计值大于 E3，而 RE4 有 154 个估计值大于 E4。上述结果表明风险因素的影响会提高 BC92 模型和 LS 模型的估计值，并减小 BC95 模型和 CSS 模型的估计值。进一步考虑风险因素对本书所提出的模型平均法的影响，Wilcoxon 检验统计量的值仅为 0.472，相应的 P 值为 0.6369，表明虽然考虑风险因素的影响和不考虑风险因素的影响对成本效率测算结果存在差异性，但是这种差异在统计上并不显著。

在显著性水平为 5% 的条件下，风险因素对利润效率估计值均具有显著的差异。其中，RE1 的估计值均小于 E1，RE2 有 124 估计值大于 E2，RE3 仅有 54 个估计值大于 E3，而 RE4 有 146 个估计值大于 E4，这表明风险因素会提高 BC95 模型和 LS 模型的估计值，并降低 BC92 模型和 CSS 模型的估计值。在利用模型平均法进行估计时发现，RME 和 ME 均服从正态分布，校正卡方统计量的值分别为 4.37 和 3.42，对应的 P 值分别为 0.1125 和 0.1813，因此可利用配对样本 T 检验对测算结果的差异性进行分析，配对样本 T 检验的值为 3.216，相应的 P 值为 0.0015，表明风险因素对银行利润效率的测算存在显著的差异。

进一步利用 Kendall 的 W 系数对风险因素是否显著影响银行效率排名进行检验，原假设为考虑风险因素的银行效率排名与未考虑风险因素的银行效率排名不具有一致性。成本效率和利润效率对应的 Kendall 的 W 系数分别为 0.3013 和 0.2584，相应的 P 值分别为 0.9143 和 0.9616，由检验结果可知不应拒绝原假设,从而得出考虑风险因素的银行效率排名与未考虑风险因素的银行效率排名不具有一致性的结论,即风险因素对银行效率排名的影响显著。

考虑到风险因素的模型平均法对银行成本效率和利润效率的估计及排名如表6-15所示。与表6-10中未考虑风险因素的银行效率排名相比,考虑风险因素的成本效率排名变化出现较大的变化,变化最大的为浦发银行,其成本效率由原来的第2位降至现在的第19位。而考虑到风险因素的利润效率排名变化更为明显,不考虑风险因素时五大行名列前茅,但考虑风险因素时五大行的利润效率出现反转,其中工商银行、建设银行、中国银行、农业银行和交通银行的排名分别由第1位、第3位、第2位、第4位、第5位变为第21位、第20位、第18位、第17位、第19位,考虑风险因素时浙商银行和广发银行的效率排名出现很大的改进,分别由之前的第15位和第19位上升至第2位和第6位。利润效率排名变化较大的可能原因为相较于其他银行,五大行具有较高的资本充足率,如在2015年末建设银行的资本充足率高达15.39%,而浙商银行的资本充足率仅为11.04%,对系统性重要银行的监管也更加严格,这会对五大行的盈利能力产生抑制作用。而对其他股份制银行的监管要求相对宽松,资本充足率要求相对较低,特别是大多数股份制银行通过表外理财业务的快速扩张给自身带来了更高的利润,因此其会有更高的利润效率。相比成本效率,我国银行业的利润效率过低,在样本期内,我国银行业成本效率的均值为0.8376,而利润效率的均值为0.6119,表明我国银行业的利润效率仍然存在较大的改进余地,特别是资产规模排名较高的银行具有较大的提升空间。

表6-15 2007~2015年平均成本效率与平均利润效率及排名

银行名称	成本效率	排名	利润效率	排名
工商银行	0.8465	13	0.4209	21
建设银行	0.8938	2	0.4220	20
中国银行	0.6962	20	0.4977	18
农业银行	0.8507	10	0.5112	17
交通银行	0.8235	16	0.4771	19
招商银行	0.8891	3	0.5541	15
中信银行	0.8496	11	0.5440	16
浦发银行	0.7894	19	0.5662	14
民生银行	0.8794	4	0.6116	9
兴业银行	0.9246	1	0.5955	13
光大银行	0.8467	12	0.6057	11
平安银行	0.8223	17	0.6042	12
华夏银行	0.8611	5	0.6177	8

续表

银行名称	成本效率	排名	利润效率	排名
北京银行	0.8547	9	0.6063	10
广发银行	0.8577	7	0.6544	6
上海银行	0.8433	14	0.6441	7
上海农商银行	0.8590	6	0.6893	5
恒丰银行	0.6925	21	0.7564	4
浙商银行	0.8562	8	0.8183	2
南京银行	0.8123	18	0.8101	3
宁波银行	0.8411	15	0.8438	1

6.3 中国银行业成本效率和利润效率收敛性分析

从前文的分析可知银行间的成本效率和利润效率存在差异，而这种差异是否会随着时间的推移逐步增大？是否效率较高的银行一直保持较高的效率，而效率较低的银行一直处于较低的效率状态？即银行业的效率是否会呈现"马太效应"？效率较低的银行是否可以通过自身的努力提升效率从而赶上效率较高的银行？本书通过收敛性检验对此问题进行分析。

根据 Barro 和 Sala-i-Martin 对收敛性的分析可知收敛性可分为 σ 收敛和 β 收敛。σ 收敛是指随着时间的推移，人均收入或产出的离散程度会逐渐降低，反映人均收入如何在过去或者未来进行分配，一般通过相关指标的标准差对其进行测算，如果标准差随着时间的增加而减少，则存在 σ 收敛。β 收敛是指落后经济体的增长速度要快于发达地区，反映落后经济体可能赶上发达经济体的速度，其中 β 收敛又可分为无条件收敛和条件收敛，无条件收敛是指经济增长速度取决于期初人均收入，且不同经济体会收敛于相同的稳态，而条件收敛是指经济增长速度不仅受期初人均收入的影响，还会受到各自经济体自身特点的影响，如要素禀赋和产业结构等，且不同经济体会收敛于各自的稳态。

根据 β 收敛的定义可构造银行效率无条件收敛和条件收敛的公式分别为

$$\log\left(\frac{y_{it}}{y_{it-1}}\right) = \alpha + b\log(y_{it-1}) + u_{it} \tag{6-12}$$

$$\log\left(\frac{y_{it}}{y_{it-1}}\right) = \alpha_i + b\log(y_{it-1}) + u_{it} \tag{6-13}$$

其中，y_{it} 为银行的效率，u_{it} 为误差项，$b = -(1-e^{-\beta})$。考虑到条件收敛会受到期初效率以外的因素影响，本书将这些因素当作银行间的异质性进行处理，如银行的人力资本差异及市场垄断力量等，并将此异质性包含到截距项中进行分析。当 $b<0$ 即 $\beta>0$ 时银行效率存在收敛，且可进一步求出收敛速度 β。Barro 和 Sala-i-Martin 认为 β 收敛是 σ 收敛的必要非充分条件，即正的 β 并不能保证标准差随时间逐渐减小。因此本书同时利用 σ 收敛和 β 收敛对银行成本效率和利润效率的收敛性进行检验，注意到式（6-12）可看作混合回归模型，而式（6-13）可看作固定效应模型或随机效应模型，从而可对式（6-12）和式（6-13）的适用性进行检验并判断中国银行业的效率属于无条件收敛还是条件收敛。

（1）σ 收敛性分析。遵循 Barro 和 Sala-i-Martin 的方法，本书利用取对数后效率的标准差是否随时间逐渐减弱来判断银行业的效率是否存在 σ 收敛。中国银行业成本效率和利润效率的标准差趋势如图 6-5 所示。

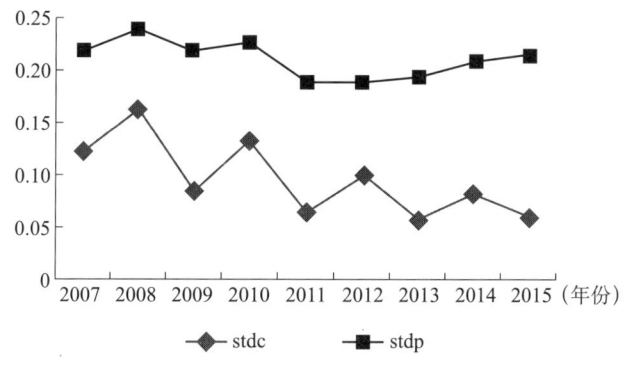

图 6-5 中国银行业 σ 收敛性分析

其中，stdc 为取对数后成本效率的标准差，stdp 为取对数后利润效率的标准差。从图 6-5 中可以看出，我国银行业成本效率的标准差大体上随着时间的增加而逐步减小，从而表明成本效率存在 σ 收敛，即银行间成本效率增长率的差异在逐渐缩小。我国银行业利润效率的标准差呈现先下降后上升的趋势，表明利润效率不存在 σ 收敛，即银行间利润效率增长率的差异并没有随着时间的增加而缩小。

（2）β 收敛性分析。本书首先对式（6-13）进行 Hausman 检验，从而确定用固定效应模型还是随机效应模型对条件收敛进行估计。如果个体效应与回归元相关，则固定效应的估计量是一致的，而随机效应的估计量是非一致的，此时应选用固定效应模型；而如果个体效应与回归元无关，则随机效应模型的估计量比固定效应模型的估计量更有效，此时应选择随机效应模型进行估计。Hausman 检验的原假设为个体效应与回归元无关。成本效率与利润效率的 Hausman 检验分别为 13.28 和 32.82，相应的概率分别为 0.0013 和 0.0000，因此应拒绝个体效应与回归元无关的假设。所以本书采用固定效应模型对条件收敛模型进行估计。

进一步对银行效率适用无条件收敛模型还是条件收敛模型进行检验,即检验混合回归模型与固定效应模型的适用性,可用 F 统计量进行检验,其原假设是模型为混合回归模型。成本效率和利润效率的 F 检验统计量分别为 2.60 和 2.43,相应的概率分别为 0.0006 和 0.0013,因此可拒绝原假设,即应选择固定效应模型进行分析,表明条件收敛模型适用于银行效率分析,模型估计结果如表 6-16 所示。

表 6-16 β 收敛性检验

变量	成本效率	利润效率
常数项	1.9616*** (0.1291)	1.5881*** (0.0843)
b	4.6145*** (0.6315)	1.1222*** (0.1653)

注:*、**、*** 分别表示 10%、5%、1% 的显著水平,小括号内数字表示系数的标准差。

从表 6-16 的估计结果可以看出,成本效率与利润效率中 b 的系数显著为正,表明中国银行业的成本效率和利润效率不存在条件收敛,不同的银行不会朝着各自的稳态收敛,而由于各个银行的稳态存在差异,这种差异在长期内可能不会消失,从而导致银行保持各自的相对地位,即高效率的银行依然保持着相对的高效率,而低效率的银行虽然存在着效率的改进,但其依然与高效率的银行存在差距并保持着相对低效率,如在银行成本效率的分析中,恒丰银行的成本效率虽然从期初的 0.5331 提高到期末的 0.8279,但是其与排名相对靠前的银行,如华夏银行依然存在差距,华夏银行的成本效率由期初的 0.8451 上升到期末的 0.9334。利润效率也存在此现象,如工商银行的利润效率虽然由期初的 0.4010 上升到期末的 0.4708,但是与排名相对靠前的银行依然存在差距,如上海银行的利润效率由期初的 0.5750 上升到期末的 0.6644。因此,中国银行业的成本效率和利润效率存在"马太效应"。

6.4 本章小结

本章通过选取 SFA 模型中的 BC92 模型、BC95 模型、LS 模型和 CSS 模型对银行成本效率和利润效率估计结果的非一致性进行检验，检验结果表明除了在分析成本效率时 BC95 模型和 CSS 模型的测算结果具有一致性外，其余情况下这四种模型对效率估计结果存在显著的差异，对银行效率排名结果的差异不显著。而众多分析结果均是建立在效率估计结果基础之上的，效率估计结果的非一致性会影响分析结果的可信性，且对效率估计模型的选择也存在一定的主观性。针对此问题，本章借助模型平均法的思想将效率测量结果进行加权平均处理，此方法虽然不能保证银行效率的真实结果，但是能够减小模型选择的不确定性所带来的风险，从而更具客观性。在此基础之上，本书进一步将风险因素引入模型中，并根据《巴塞尔协议》的相关内容，将信用风险、市场风险及操作风险三者之和作为银行所面临的风险进行考虑，研究发现考虑风险因素后的效率测量结果与不考虑风险因素的测量结果之间存在显著的差异，但这种差异并没有表现在成本效率分析中所采用的模型平均法上，而且考虑风险因素和不考虑风险因素对银行效率排名存在显著的差异。随后，本书又对银行效率的收敛性进行分析，研究发现中国银行业的成本效率和利润效率存在"马太效应"。

7 研究结论与展望

7.1 主要研究结论

银行作为金融体系的中心普遍受到相关学者的高度关注，其中银行效率的测度也一直是国内外学者研究的热点问题之一。本书在对现有研究文献进行整理分析的基础之上，基于模型平均与银行风险的视角，对中国商业银行的效率测度进行系统分析，主要的研究结论如下：

第一，本书在对银行效率测算结果的异质问题处理上不同于现有文献的方法，本书除了考虑不同的估计方法、效率类型和投入产出项设定对银行效率估计结果的影响外，还考虑了每篇文献发表年份、样本空间长度、文献类型、所研究的银行个数、投入项和产出项个数对银行效率估计结果的影响，在估计方法上，主要关注SFA方法与DEA方法的比较，在效率上，主要考虑成本效率和利润效率。通过对中国银行业成本效率的83篇文献、利润效率的42篇文献中相关指标的梳理，本书首次利用Meta回归分析法对银行效率测算的异质性进行实证分析。实证结果表明中国银行业成本效率与利润效率的测算结果存在较高的异质性，本书同时对产生异质性的原因进行Meta回归分析研究，结果表明文献发表年份、文献所选的区间、银行个数、投入产出的个数、不同投入项与产出项的选取、文献种类均会导致成本效率的测算存在差异，估计方法的选择对成本效率测算差异的影响并不明显；与成本效率测算的异质性分析结果类似，上述指标同样带来利润效率测算的差异性。本书基于Meta方法所进行的研究，极大地提升了实证结果的稳健性。

第二，本书在Meta回归分析法的基础上，限定研究的样本范围、投入产出项指标的选取，进一步考察了不同模型的选择是否会带来银行效率估计的显著不同，通过对SFA方法中BC92模型、BC95模型、CSS模型和LS模型的估计结果进行比较分析，利用 Friedman 检验方法对银行成本效率与利润效率的测算结果进行检验，检验结果表明不同模型的选择会对银行成本效率和利润效率测算结果产生显著的差异，这种差异不仅体现在固定效应和随机效应模型之间的选择上，如 BC92 模型和 BC95 模型对银行效率的估计与 LS 模型估计结果之间具有显著的差异，即使选择相同效应模型也同样存在显著差异，如 BC92 模型估计结果与 BC95 模型估计结果存在显著差异，而 CSS 模型估计结果和 LS 模型估计结果之间也存在显著差异。进一步考虑这种差异是否会导致银行效率排名的变化，Kendall 的 W 系数检验结果表明不同模型的选择会对银行效率排名产生影响，但是这种影响在统计上并不显著。

针对不同模型对银行效率测算结果产生的这种差异性，本书借鉴近年计量经济分析的非贝叶斯模型平均的思路，提出将不同模型的估计结果进行加权平均的处理模式，利用这一方法对银行效率进行测算，与单一模型估计结果相比，此方法可以降低模型选择的不确定性带来的风险。对估计结果加权平均后，本书发现具有高成本效率的银行不一定具有较高的利润效率；资产规模过大虽然没有给四大国有银行带来较高的成本效率，但却为其带来了较高的利润效率，这可能与其垄断特性有一定的关联。

第三，现有研究文献对银行效率的测算结果，大多存在对银行风险考虑不足的问题。考虑到中国银监会主要根据《巴塞尔协议》的相关内容对银行风险进行监测，因此本书借鉴《巴塞尔协议》的相关内容对银行风险进行测算，其中包括信用风险、市场风险和操作风险。考虑到数据的可得性，本书利用不良贷款余额来替代银行信用风险的测算，利用基本指标法对操作风险进行测算，虽然《巴塞尔协议》将市场风险局限于银行的交易账户，但是，本书认为市场风险不仅涉及银行的交易账户，而且与银行账户密切相关，于是本书在对市场风险进行测算时既考虑了交易账户，又考虑了银行账户，并利用 VaR 模型对风险进行测算。

本书把银行的坏产出项视为信用风险、市场风险和操作风险三者之和，利用模型平均法对银行的成本效率和利润效率进行了估计，从实证结果可以发现，考虑银行风险与未考虑银行风险的效率估计值之间存在着显著的差异，风险变量的纳入有助于提升银行成本效率和利润效率的估计结果的稳健性，此时伴有银行效率排名的改变，且这种变化在统计上显著。

第四，根据本书对银行成本效率和利润效率的测算结果可以发现银行间的效率存在一定的差异，但这种差异是否会随着时间的增加而逐渐减小？或是银行业的效率是否存在"马太效应"（高效率的银行保持着高效率，而低效率的银行依然具有相对较低的效率)？本书根据 σ 收敛和 β 收敛对上述问题进行了探讨。实证分析结果显示成本效率的标准差存在随着时间的增加而逐渐减少的趋势，表明中国银行业的成本效率存在 σ 收敛，即银行间成本效率增长率的差异性正在逐渐缩小，而利润效率的标准差不存在随着时间的增加而逐渐减少的趋势，表明中国银行业的利润效率不存在 σ 收敛，即银行间利润效率增长率的差异性并没有逐渐缩小。在对 β 收敛进行分析时发现，中国银行业的成本效率和利润效率均不存在 β 收敛，即不同的银行不会朝着各自的稳态收敛，而各个银行的稳态存在差异，故高效率的银行依然保持着相对的高效率，低效率的银行虽然呈现出效率的改进，但其依然与高效率的银行存在差距并保持着相对低效率，中国银行业的成本效率和利润效率存在"马太效应"。

7.2 研究展望

银行效率具有广阔的研究范围及应用空间，本书从银行效率测量结果异质性的角度进行了系统分析，本书实证结果表明在同类模型中（本书所选取的四种 SFA 模型均属于参数法），不同模型的选取会对银行效率测度结果产生显著的差异。然而参数法需要事先对函数形式作出适当的假定，如果不满足这些假定条件，银行效率的测量结果会存在一定程度的偏倚。非参数法并不需要事先设定函数的具体形式，当样本容量较大时，通常可以得到较好的估计结果，今后可以尝试采用非参数工具对银行效率进行再分析。

本书借鉴模型平均法的思路，进一步考察了银行风险对银行效率测算结果的影响。而由于相关数据的可得性，本书在对银行风险测算时，没有考虑不同资产之间的相关性。又由于银行业处于一个复杂多变的系统之中，我们仅将银行风险限定为信用风险、市场风险和操作风险存在一定的局限性，如何更加准确地把握影响银行风险的变量也存在可以探讨的研究空间。

随着全球经济一体化以及金融创新速度的逐渐增快，银行间的竞争也变得越来越激烈，不仅包括国内银行间的竞争，还包括国际银行间的竞争。如何把本书使用的模型平均方法应用到不同国家间银行效率的测度分析也是下一步的重要研究工作之一。

附录A Meta分析所用文献

发表年份	杂志	作者	题目	引用次数
2005	经济评论	彭琦、邹康、赵子铱	1993~2003年中国银行业效率的实证分析——基于DEA测度技术的运用	1
2007	金融研究	杨大强、张爱武	1996~2005年中国商业银行的效率评价——基于成本效率和利润效率的实证分析	3
2008	吉林大学社会科学学报	赵振全、赵石磊、王佐理	参数法下中国商业银行成本X效率实证研究	1
2013	数量经济技术经济研究	刘孟飞、张晓岚	风险约束下的中国上市银行效率问题研究	1
2010	金融论坛	何蛟、傅强、潘璐	股权结构对中国商业银行效率的影响	2
2011	世界经济情况	汤益祎	海外并购能提高中资银行的效率吗——基于SFA的实证研究	2
2008	四川大学学报（哲学社会科学版）	王锦慧、蓝发钦	基于DEA的我国商业银行效率研究：1994~2006	1
2005	中国管理科学	谢朝华、段军山	基于DEA方法的我国商业银行X—效率研究	1
2006	数理统计与管理	许晓雯、时鹏将	基于DEA和SFA的我国商业银行效率研究	2
2005	云南财贸学院学报（社会科学版）	孙健	基于DEA模型的我国商业银行效率分析	1
2004	金融研究	刘琛、宋蔚兰	基于SFA的中国商业银行效率研究	1
2013	时代金融	郭俊	基于SFA的中国上市银行利润效率及影响因素实证研究	1
2009	统计教育	万伟、陶希晋	基于SFA的中国银行业成本效率实证研究	1

续表

发表年份	杂志	作者	题目	引用次数
2009	产业与科技论坛	史小坤、赵仲良	基于SFA法的商业银行成本效率研究	1
2010	产经评论	吕品、文英	基于SFA模型的我国商业银行成本效率的测度	1
2009	经济经纬	顾洪梅、刘金全	基于SFA模型对我国商业银行经济效率的测度与研究	1
2011	投资研究	李勇、王满仓	基于超越对数函数的商业银行成本、利润效率实证研究	2
2009	统计与决策	蒲勇健、胡东	基于动态DEA模型的商业银行综合效率评价	1
2006	中央财经大学学报	袁云峰、郭莉、郭显光	基于多阶段超效率DEA模型的银行业效率研究	1
2009	统计与决策	梁艳、亢啥	基于风险调整的中国商业银行成本效率研究	1
2012	南方金融	张觅、陈碧琼	基于关联两阶段DEA模型的中国银行业效率研究	1
2010	上海交通大学学报	刘尚鑫、顾海英	基于随机边界方法的银行效率与产权结构	1
2005	哈尔滨商业大学学报（自然科学版）	张超、顾锋、邱强	基于随机前沿方法的商业银行利润效率测度	1
2008	金融经济	马琳洁、牛启春	基于信用风险考虑的我国商业银行效率研究	2
2010	金融研究	刘澜飚、王博	门槛效应、管制放松与银行效率的改进——理论假说及其来自中国的经验研究	1
2008	国际金融研究	齐树天	商业银行绩效、效率与市场结构 基于中国1994~2005年的面板数据	1
2008	金融论坛	张红军、叶菲	商业银行利润效率测度及影响因素分析	1
2013	金融监管研究	吴有红、张金清	商业银行效率的测度及其影响因素——基于跨国数据的比较分析	1
2012	税务与经济	侯瑜、詹明君	商业银行效率及其影响因素实证研究	1
2012	投资研究	陈福生、李婉丽	外资进入对我国银行业效率的影响——基于商行2004~2010年面板数据的经验证据	1

附录 A　Meta 分析所用文献

续表

发表年份	杂志	作者	题目	引用次数
2012	金融监管研究	李伟	外资银行进入对中国商业银行效率的影响	1
2007	新金融	彭琦	我国商业银行 X 效率和规模效率变迁的实证研究：SFA 方法的运用	1
2008	数量经济技术经济研究	黄宪、余丹、杨柳	我国商业银行 X 效率研究——基于 DEA 三阶段模型的实证分析	1
2011	财经理论与实践（双月刊）	谢朝华、卿杨	我国商业银行的 X—效率及其影响因素的实证研究：2001~2009 年	1
2007	世界经济情况	周小燕	我国商业银行市场结构与银行效率的相关性分析——基于 SCP 理论的研究	1
2012	财经理论与实践（双月刊）	周四军、胡瑞、王欣	我国商业银行效率 DEA 测评模型的优化研究	1
2005	上海财经大学学报	李晓庆、刘湘斌	我国商业银行效率测度及影响因素分析	1
2005	广西经济管理干部学院学报	段军山	我国商业银行效率的实证分析（2001~2003）	1
2007	经济研究	王聪、谭政勋	我国商业银行效率结构研究	1
2008	统计研究	王灵华、薛晶	我国商业银行效率评价及实证分析	1
2003	金融研究	张健华	我国商业银行效率研究的 DEA 方法及 1997~2001 年效率的实证分析	1
2013	南方金融	吴聪	我国商业银行长期效率的动态分析	1
2010	当代财经	刘星、张建斌	我国上市商业银行成本效率和利润效率研究	2
2013	山西财经大学学报	郭威	我国商业银行结构、竞争与效率的动态关联性研究	1
2011	金融与经济	汪贵浦、曹郮胜、麻晔	我国银行业市场势力与行业效率关系的实证研究	1
2013	财经问题研究	郭威	我国银行业效率研究——基于成本和利润效率的动态分析	3
2013	财经问题研究	白雪梅、臧微	信用风险对中国商业银行成本效率的影响	1

续表

发表年份	杂志	作者	题目	引用次数
2008	运筹与管理	甘小丰	银行机构扩张与银行效率	1
2012	武汉金融	徐辉、李健、钟惠波	银行成本效率与不良贷款影响的动态效应研究——基于SFA测度分析的应用	2
2010	中国管理科学	何蛟、傅强、潘璐	引入外资战略投资者对我国商业银行效率的影响	2
2010	中国物价	宋秋文、李双杰	战略引资对中国商业银行效率的影响研究	2
2007	经济研究	徐传谌、齐树天	中国商业银行X-效率实证研究	2
2011	科研管理	何蛟、傅强	中国商业银行X效率实证研究	3
2009	金融理论与实践	严太华、郝岩	中国商业银行成本效率SFA方法的实证研究	1
2005	经济研究	迟国泰、孙秀峰、芦丹	中国商业银行成本效率实证研究	1
2013	中国经贸导刊	李尚发、刘迎洲	中国商业银行成本效率研究	1
2013	财经科学	窦育民、李富有	中国商业银行的利润效率：1994～2010——基于随机前沿替代利润函数方法的实证分析	1
2003	南京社会科学	钱蓁	中国商业银行的效率研究——SFA方法分析	1
2005	系统工程理论方法应用	杨德、迟国泰、孙秀峰	中国商业银行效率研究	1
2011	中国城市经济	陈雅婷	中国上市商业银行成本效率评价	1
2014	经济统计学（季刊）	杜勇宏	中国上市商业银行效率实证分析	2
2008	山西财经大学学报	王勇	中国银行业X-效率实证研究	1
2013	北京理工大学学报（社会科学版）	徐辉、李健	中国银行业成本效率实证研究（1999～2010）——基于SFA测度方法的应用	1
2011	金融发展研究	孙健、李喆臣	中国银行业的利润效率研究——基于傅里叶柔性函数的视角	1
2010	上海财经大学学报	文玉春	中国银行业的效率现状及动态效率分析	1

续表

发表年份	杂志	作者	题目	引用次数
2013	管理科学学报	李平、曾勇、朱晓林	中国银行业改革对中资银行效率变化的影响	1
2014	东南大学学报（哲学社会科学版）	黄硕	基于SFA测度的银行效率与银行特许经营权价值的影响效果研究	2
2014	当代经济	曹国华、李卉	我国商业银行效率研究	1
2014	金融理论与实践	魏婷、付攀	基于信用风险视角的我国商业银行效率研究	1
2014	时代金融	陈冲	我国上市商业银行效率及其影响因素——基于SFA视角	1
2014	当代经济	唐齐鸣、许晴	中国商业银行效率的差异性分析	1
2013	Global Finance Journal	Haiyan Yin, Jiawen Yang, Jamshid Me-hran	An empirical study of bank efficiency in China after WTO accession	2
2009	Journal of Banking & Finance	Allen N. Berger, Iftekhar Hasan, Mingming Zhou	Bank ownership and efficiency in China: What will happen in the world's largest nation?	2
2005	China Economic Review	Xiaogang Chen, Michael Skully, Kym Brown	Banking efficiency in China: Application of DEA to pre-and post-deregulation eras: 1993-2000	1
2007	China Economic Review	Xiaoqing (Maggie) FU, Shelagh HEFFERNAN	Cost X-efficiency in China's banking sector	3
2008	China Economic Review	Mohamed ARIFF, Luc CAN	Cost and profit efficiency of Chinese banks: A non-parametric analysis	3
2014	Economic Modelling	Yizhe Dong, Robert Hamiltonb, Mark Tippett	Cost efficiency of the Chinese banking sector: A comparison of stochastic frontier analysis and data envelopment analysis	3
2014	Journal of Financial Stability	Pierre Pessarossi, Laurent Weill	Do capital requirements affect cost efficiency? Evidence from China	1

续表

发表年份	杂志	作者	题目	引用次数
2013	North American Journal of Economics and Finance	Tung-Hao Lee, Shu-Hwa Chih	Does financial regulation affect the profit efficiency and risk of banks? Evidence from China's commercial banks	1
2014	Omega	Ke Wang, Wei Huang, Jie Wu, Ying-Nan Liu	Efficiency measures of the Chinese commercial banking system using an additive two-stage DEA	2
2008	China & World Economy	James Laurenceson, Fengming Qin	Has Minority Foreign Investment in China's Banks Improved Their Cost Efficiency?	1
2013	China Economic Review	Zuzana FUNGÁČOVÁ, Pierre PESSAROSSI, Laurent WEILL	Is bank competition detrimental to efficiency? Evidence from China	1
2008	The World Economy	Shujie Yao, Zhongwei Han, Genfu Feng	Ownership Reform, Foreign Competition and Efficiency of Chinese Commercial Banks: A Non-parametric Approach	1
2006	博士	孙秀峰	基于参数法的中国商业银行效率评价研究	1
2010	硕士	詹明君	基于面板数据的我国商业银行效率研究	1
2010	硕士	王哲颖	考虑风险因素后的商业银行效率研究——基于SFA方法的实证研究	1
2013	硕士	张福华	我国商业银行改革对银行效率的影响——来自1999~2010年的经验证据	2
2014	硕士	成方旭	我国商业银行效率对比实证分析——基于前沿分析法	1
2009	硕士	段伟伟	中国商业银行X效率及影响因素研究——基于SFA方法分析	1
2010	博士	何蛟	中国商业银行效率及其影响因素研究	1

附录 A Meta 分析所用文献

续表

发表年份	杂志	作者	题目	引用次数
2012	博士	芦锋	中国商业银行效率的测度与研究	1
2008	博士	赵石磊	中国商业银行 X 效率实证研究	2
2007	博士	苗琳	中国国有商业银行效率影响因素研究	1
2004	博士	陈敬学	中国国有商业银行效率研究	1
2006	博士	顾洪梅	我国商业银行效率的测度与经验研究	4
2011	2011 International Conference on Engineering and Business Management	朱玉林、周杰、王显	基于 SFA 法的我国商业银行效率实证分析	1

附录 B 银行风险测算结果

单位：百万元

银行	年份	不良贷款	市场风险	操作风险	总风险
工商银行	2007	111774.000	2727128.000	24051.050	2862953.000
	2008	104482.000	1277034.000	30394.700	1411911.000
	2009	88467.000	937208.700	37276.600	1062952.000
	2010	80073.000	642928.800	43625.550	766627.300
	2011	73011.000	4763826.000	49691.300	4886529.000
	2012	75125.000	3416044.000	57726.100	3548895.000
	2013	93689.000	3936420.000	68739.400	4098849.000
	2014	124497.000	1618841.000	78788.600	1822127.000
	2015	179518.000	848847.900	86999.150	1115365.000
建设银行	2007	85170.000	1937570.000	19693.050	2042433.000
	2008	83882.000	917455.300	25116.350	1026454.000
	2009	72156.000	711030.500	32154.700	815341.200
	2010	64712.000	492333.800	37933.100	594978.900
	2011	70915.000	3495159.000	43174.200	3609248.000
	2012	74618.000	2521767.000	49638.750	2646023.000
	2013	85264.000	3009812.000	59316.050	3154392.000
	2014	113171.000	1297813.000	68605.350	1479589.000
	2015	165980.000	676298.600	77321.800	919600.400
中国银行	2007	88802.000	1560953.000	18691.150	1668446.000
	2008	87490.000	760932.700	22373.800	870796.500
	2009	74718.000	508294.600	27162.300	610174.900
	2010	62470.000	399854.100	31375.750	493699.800
	2011	63274.000	2974952.000	35512.550	3073738.000
	2012	65448.000	2094082.000	40542.450	2200072.000
	2013	73271.000	2520100.000	47209.150	2640580.000
	2014	99962.000	1099245.000	53709.400	1252917.000
	2015	130395.000	619237.500	59906.350	809538.900

附录 B　银行风险测算结果

续表

银行	年份	不良贷款	市场风险	操作风险	总风险
农业银行	2007	818853.000	1446086.000	10404.200	2275343.000
	2008	134067.000	982465.600	16159.950	1132693.000
	2009	120241.000	720077.000	23921.300	864239.300
	2010	100405.000	491928.800	30635.000	622968.800
	2011	87358.000	3552557.000	36285.800	3676201.000
	2012	85848.000	2635298.000	44714.150	2765860.000
	2013	87781.000	3235782.000	54830.600	3378393.000
	2014	124970.000	1375441.000	63457.850	1563869.000
	2015	212867.000	765421.100	70460.350	1048748.000
交通银行	2007	22735.000	529056.900	5347.400	557139.300
	2008	25460.000	300108.900	7089.000	332657.900
	2009	25009.000	211485.600	9195.150	245689.800
	2010	24988.000	150085.400	11050.100	186123.500
	2011	21986.000	1139319.000	13111.500	1174417.000
	2012	26995.000	837075.200	15604.350	879674.500
	2013	34310.000	1147011.000	18928.650	1200250.000
	2014	44022.000	472410.700	21916.950	538349.600
	2015	57867.000	290910.100	24354.600	373131.700
招商银行	2007	10394.000	305986.600	2987.750	319378.300
	2008	9677.000	147904.300	4255.400	161836.700
	2009	9732.000	115143.900	6070.350	130946.300
	2010	9686.000	79622.980	7401.650	96710.630
	2011	9173.000	652139.800	8919.900	670232.700
	2012	11694.000	538043.400	10959.150	560696.500
	2013	18764.000	788721.300	14056.250	821541.600
	2014	27892.000	396038.400	17121.500	441051.900
	2015	47396.000	244134.200	20608.350	312138.500
中信银行	2007	8492.000	190926.300	2135.800	201554.100
	2008	9046.000	110640.400	2976.250	122662.700
	2009	10157.000	83080.760	4392.250	97630.010
	2010	8533.000	62142.200	5545.050	76220.250
	2011	8541.000	638631.200	6965.100	654137.300
	2012	12255.000	448776.300	8721.550	469752.800
	2013	16978.000	726945.800	11157.950	755081.800
	2014	28454.000	375598.200	13580.800	417633.000
	2015	36050.000	261457.400	15968.750	313476.200

续表

银行	年份	不良贷款	市场风险	操作风险	总风险
浦发银行	2007	8023.000	172155.200	2242.700	182420.900
	2008	8467.000	120574.000	2986.350	132027.300
	2009	7460.000	90353.860	3973.715	101787.600
	2010	5879.000	77526.130	4868.115	88273.240
	2011	5827.000	683812.500	6057.440	695697.000
	2012	8940.000	556117.200	7731.205	572788.400
	2013	13061.000	867128.100	10052.060	890241.100
	2014	21585.000	441083.000	12558.680	475226.600
	2015	35054.000	291122.800	15335.850	341512.700
民生银行	2007	6773.000	168125.400	1886.450	176784.800
	2008	7921.000	74562.930	2782.800	85266.730
	2009	7397.000	63031.640	3896.500	74325.140
	2010	7339.000	54928.230	4894.600	67161.830
	2011	7539.000	488073.500	6347.150	501959.600
	2012	10523.000	563372.300	8706.100	582601.400
	2013	13404.000	584294.400	11985.100	609683.500
	2014	21134.000	342741.600	15051.800	378927.400
	2015	32821.000	198340.100	17692.350	248853.400
兴业银行	2007	4582.000	214474.100	1463.050	220519.200
	2008	4148.000	109166.200	2308.250	115622.400
	2009	3779.000	76000.050	3300.600	83079.650
	2010	3616.000	73811.920	4198.255	81626.180
	2011	3716.000	687910.100	5210.205	696836.300
	2012	5286.000	679354.900	6707.055	691347.900
	2013	10331.000	1002634.000	9494.300	1022460.000
	2014	17633.000	528499.100	12787.400	558910.500
	2015	26072.000	388604.300	16052.800	430729.100
光大银行	2007	18747.000	158309.300	1338.300	178394.600
	2008	9362.000	81995.380	1950.150	93307.530
	2009	8127.000	73966.630	2770.850	84864.480
	2010	5831.000	61942.470	3484.650	71258.120
	2011	5727.000	433417.500	4296.200	443440.700
	2012	7613.000	435185.900	5408.600	448207.500
	2013	10029.000	596323.200	7180.550	613532.800
	2014	15525.000	253678.100	8643.250	277846.300
	2015	24375.000	153737.300	10218.400	188330.700

附录 B 银行风险测算结果

续表

银行	年份	不良贷款	市场风险	操作风险	总风险
平安银行	2007	12475.000	103920.100	814.250	117209.300
	2008	1927.000	40709.940	1122.900	43759.840
	2009	2443.000	33381.140	1575.600	37399.740
	2010	2367.000	26091.280	1999.650	30457.930
	2011	3295.000	311601.200	2369.710	317265.900
	2012	6866.000	333144.800	3140.015	343150.800
	2013	7541.000	467068.500	4362.720	478972.200
	2014	10501.000	227047.100	6143.560	243691.700
	2015	17645.000	122041.500	8301.505	147988.000
华夏银行	2007	6889.000	121855.700	1228.060	129972.700
	2008	6487.000	69765.650	1615.480	77868.130
	2009	6457.000	46388.560	2094.205	54939.760
	2010	6254.000	36190.760	2447.085	44891.840
	2011	6254.000	318484.200	2958.340	327696.500
	2012	6339.000	270274.600	3756.695	280370.300
	2013	7443.000	353414.300	4890.210	365747.600
	2014	10245.000	170106.700	5925.190	186276.900
	2015	16297.000	78873.530	6992.140	102162.700
北京银行	2007	3240.000	103312.700	489.950	107042.600
	2008	2987.000	47530.520	762.900	51280.420
	2009	2795.000	35381.500	1279.240	39455.740
	2010	2321.000	34626.320	1588.535	38535.860
	2011	2135.000	313678.700	1987.550	317801.200
	2012	2943.000	248393.300	2412.550	253748.800
	2013	3788.000	327131.600	3210.705	334130.300
	2014	6209.000	151804.100	3961.495	161974.600
	2015	9073.000	86977.070	4759.505	100809.600
广发银行	2007	9931.000	85204.010	1114.100	96249.110
	2008	8869.000	48506.860	1393.295	58769.160
	2009	9123.000	36447.710	1887.710	47458.420
	2010	7380.000	24273.190	2259.675	33912.870
	2011	7230.000	172335.200	2739.175	182304.400
	2012	9111.000	177310.700	3262.380	189684.100
	2013	6200.000	319081.200	4061.885	329343.100
	2014	8207.600	153202.200	4685.260	166095.100
	2015	12373.300	88867.070	5508.560	106748.900

续表

银行	年份	不良贷款	市场风险	操作风险	总风险
上海银行	2007	3609.000	86358.380	569.400	90536.780
	2008	3979.000	45392.200	783.100	50154.300
	2009	3890.000	33673.810	1092.500	38656.310
	2010	3354.000	24867.280	1390.950	29612.230
	2011	3279.000	191826.400	1652.300	196757.700
	2012	3264.000	162818.500	1858.215	167940.700
	2013	3628.000	282285.200	2230.265	288143.500
	2014	4731.200	143135.100	2645.985	150512.300
	2015	6370.400	95188.950	3342.745	104902.100
上海农村商业银行	2007	1935.000	29924.990	163.550	32023.540
	2008	2126.000	14383.870	347.650	16857.520
	2009	2234.000	12658.490	515.500	15407.990
	2010	1914.000	9209.910	667.750	11791.660
	2011	1950.000	85435.090	801.150	88186.240
	2012	2450.000	65873.700	1029.310	69353.010
	2013	2944.000	86708.390	1312.705	90965.090
	2014	3306.900	41051.320	1554.560	45912.780
	2015	4095.600	27560.800	1810.285	33466.690
恒丰银行	2007	430.000	31040.190	42.350	31512.540
	2008	360.900	18587.180	137.400	19085.480
	2009	360.000	16614.600	294.800	17269.400
	2010	747.000	16199.850	405.650	17352.500
	2011	853.000	214498.800	612.760	215964.500
	2012	1146.000	230997.700	926.800	233070.500
	2013	1961.000	337178.500	1413.025	340552.500
	2014	2239.800	138219.500	1964.165	142423.400
	2015	4576.100	62949.730	2483.655	70009.480
浙商银行	2007	0.000	10959.330	77.285	11036.620
	2008	202.000	7592.920	150.520	7945.440
	2009	200.000	10614.340	233.515	11047.850
	2010	225.000	8588.972	349.990	9163.962
	2011	360.000	87383.320	543.575	88286.900
	2012	845.000	87327.360	858.850	89031.210
	2013	1386.000	138989.200	1214.340	141589.500
	2014	2290.500	87380.950	1615.340	91286.790
	2015	4232.900	60497.780	2054.450	66785.130

续表

银行	年份	不良贷款	市场风险	操作风险	总风险
南京银行	2007	548.000	25950.920	139.400	26638.320
	2008	659.000	13263.960	211.410	14134.370
	2009	816.000	13787.280	331.165	14934.450
	2010	810.000	15145.080	436.300	16391.380
	2011	802.000	124910.100	591.420	126303.500
	2012	1043.000	103679.800	794.735	105517.500
	2013	1307.000	167347.400	1059.150	169713.500
	2014	1639.100	90128.880	1306.585	93074.570
	2015	2081.700	61522.660	1725.675	65330.040
宁波银行	2007	130.000	20207.040	193.530	20530.570
	2008	452.000	11275.400	253.765	11981.170
	2009	644.000	12147.330	362.425	13153.750
	2010	703.000	17510.710	491.160	18704.870
	2011	832.000	75369.930	674.560	76876.490
	2012	1108.000	103443.800	900.880	105452.700
	2013	1525.000	153449.300	1209.180	156183.500
	2014	1863.000	70193.390	1551.605	73608.000
	2015	2361.800	49750.250	1922.935	54034.980

参考文献

[1] Aigner D, Lovell C A, Schmidt P. Formulation and estimation of stochastic frontier production function models [J]. Journal of Econometrics, 1977, 6 (1): 21-37.

[2] Akhigbe A, McNulty J E. The profit efficiency of small US commercial banks [J]. Journal of Banking & Finance, 2003, 27 (2): 307-325.

[3] Akhigbe A, McNulty J E. Bank monitoring, profit efficiency and the commercial lending business model [J]. Journal of Economics and Business, 2011, 63 (6): 531-551.

[4] Andersen P, Petersen N C. A procedure for ranking efficient units in data envelopment analysis [J]. Management Science, 1993, 39 (10): 1261-1264.

[5] Andries A M, Căpraru B. Impact of European Integration on Banks' Efficiency [J]. Procedia-Social and Behavioral Sciences, 2012, 58: 587-595.

[6] Ariff M, Can L. Cost and profit efficiency of Chinese banks: A non-parametric analysis [J]. China Economic Review, 2008, 19 (2): 260-273.

[7] Asmild M, Matthews K. Multi-directional efficiency analysis of efficiency patterns in Chinese banks 1997-2008 [J]. European Journal of Operational Research, 2012, 219 (2): 434-441.

[8] Banker R D, Charnes A, Cooper W W. Some models for estimating technical and scale inefficiencies in data envelopment analysis [J]. Management Science, 1984, 30 (9): 1078-1092.

[9] Barros C P, Wanke P. Banking efficiency in Brazil [J]. Journal of International Financial Markets, Institutions and Money, 2014, 28: 54-65.

[10] Barros C P, Williams J. The random parameters stochastic frontier cost function and the effectiveness of public policy: Evidence from bank restructuring in Mexico [J]. International Review of Financial Analysis, 2013, 30: 98-108.

[11] Barth J R, Lin C, Ma Y, et al. Do bank regulation, supervision and monitoring enhance or impede bank efficiency? [J]. Journal of Banking & Finance, 2013, 37 (8): 2879-2892.

[12] Bates J M, Granger C W J. The combination of forecasts [J]. Operational Research Quarterly, 1969, 20: 451-468.

[13] Battese G E, Coelli T J. Prediction of firm-level technical efficiencies with a generalized frontier production function and panel data [J]. Journal of Econometrics, 1988, 38 (3): 387-399.

[14] Battese G E, Coelli T J. Frontier production functions, technical efficiency and panel data: With application to paddy farmers in India [M]. Springer Netherlands, 1992.

[15] Bauer P W, Berger A N, Ferrier G D, et al. Consistency conditions for regulatory analysis of financial institutions: A comparison of frontier efficiency methods [J]. Journal of Economics and Business, 1998, 50 (2): 85-114.

[16] Beccalli E. Does IT investment improve bank performance? Evidence from Europe [J]. Journal of Banking & Finance, 2007, 31 (7): 2205-2230.

[17] Begg C B, Mazumdar M. Operating characteristics of a rank correlation test for publication bias [J]. Biometrics, 1994, 50 (4): 1088-1101.

[18] Beckers D E, Hammond C J. A tractable likelihood function for the normal-gamma stochastic frontier model [J]. Economics Letters, 1987, 24 (1): 33-38.

[19] Berger A N. "Distribution-free" estimates of efficiency in the U. S. banking industry and tests of the standard distributional assumptions [J]. Journal of Productivity Analysis, 1993, 4 (3): 261-292.

[20] Berger A N, DeYoung R. Problem loans and cost efficiency in commercial banks [J]. Journal of Banking & Finance, 1997, 21 (6): 849-870.

[21] Berger A N, Hasan I, Zhou M. Bank ownership and efficiency in China: What will happen in the world's largest nation? [J]. Journal of Banking & Finance, 2009, 33 (1): 113-130.

[22] Berger A N, Humphrey D B. Measurement and efficiency issues in commercial banking [M] //Output measurement in the service sectors. University of Chicago Press, 1992: 245-300.

[23] Berger A N, Humphrey D B. Bank scale economics, mergers, concentration, and efficiency: The US experience [J]. The Wharton School Working Paper, 1994.

[24] Berger A N, Humphrey D B. Efficiency of financial institutions: International survey and directions for future research [J]. European Journal of Operational Research, 1997, 98 (2): 175-212.

[25] Berger A N, Leusner J H, Mingo J J. The efficiency of bank branches [J]. Journal of Monetary Economics, 1997, 40 (1): 141-162.

[26] Berger A N, Mester L J. Inside the black box: What explains differences in the efficiencies of financial institutions? [J]. Journal of Banking & Finance, 1997, 21 (7): 895-947.

[27] Berger J O, Pericchi L R. The intrinsic Bayes factor for model selection and prediction

[J]. Journal of the American Statistical Association, 1996, 91 (433): 109-122.

[28] Bonaccorsi di Patti E, Hardy D C. Financial sector liberalization, bank privatization, and efficiency: Evidence from Pakistan [J]. Journal of Banking & Finance, 2005, 29 (8): 2381-2406.

[29] Bos J W B, Koetter M, Kolari J W, et al. Effects of heterogeneity on bank efficiency scores [J]. European Journal of Operational Research, 2009, 195 (1): 251-261.

[30] Bos J W B, Kool C J M. Bank efficiency: The role of bank strategy and local market conditions [J]. Journal of Banking & Finance, 2006, 30 (7): 1953-1974.

[31] Buckland S T, Burnham K P, Augustin N H. Model selection: An integral part of inference [J]. Biometrics, 1997, 53 (2): 603-618.

[32] Camanho A S, Dyson R G. Cost efficiency measurement with price uncertainty: A DEA application to bank branch assessments [J]. European Journal of Operational Research, 2005, 161 (2): 432-446.

[33] Carbó Valverde S, Humphrey D B, López del Paso R. Do cross-country differences in bank efficiency support a policy of "national champions"? [J]. Journal of Banking & Finance, 2007, 31 (7): 2173-2188.

[34] Charnes A, Cooper W W, Rhodes E. Measuring the efficiency of decision making units [J]. European Journal of Operational Research, 1978, 2 (6): 429-444.

[35] Chen K H. Incorporating risk input into the analysis of bank productivity: Application to the Taiwanese banking industry [J]. Journal of Banking & Finance, 2012, 36 (7): 1911-1927.

[36] Chortareas G E, Girardone C, Ventouri A. Bank supervision, regulation, and efficiency: Evidence from the European Union [J]. Journal of Financial Stability, 2012, 8 (4): 292-302.

[37] Chortareas G E, Girardone C, Ventouri A. Financial freedom and bank efficiency: Evidence from the European Union [J]. Journal of Banking & Finance, 2013, 37 (4): 1223-1231.

[38] Christensen L R, Jorgenson D W, Lan L J. Conjugate duality and the transcendental logarithmic production function [J]. Econometrica, 1971, 39 (4): 255-256.

[39] Chu S F, Lim G H. Share performance and profit efficiency of banks in an oligopolistic market: Evidence from Singapore [J]. Journal of Multinational Financial Management, 1998, 8 (2): 155-168.

[40] Clemen R T, Winkler R L. Combining economic forecasts [J]. Journal of Business & Economic Statistics, 1986, 4 (1): 39-46.

[41] Clyde M, George E I. Model uncertainty [J]. Statistical Science, 2004, 19 (1): 81-94.

[42] Cornwell C, Schmidt P, Sickles R C. Production frontiers with cross-sectional and time-series variation in efficiency levels [J]. Journal of Econometrics, 1990, 46 (1): 185–200.

[43] Cuesta R A, Orea L. Mergers and technical Efficiency in Spanish savings banks: A stochastic distance function approach [J]. Journal of Banking & Finance, 2002, 26 (12): 2231–2247.

[44] Cyree K B, Spurlin W P. The effects of big-bank presence on the profit efficiency of small banks in rural markets [J]. Journal of Banking & Finance, 2012, 36 (9): 2593–2603.

[45] Das A, Ghosh S. Financial deregulation and profit efficiency: A nonparametric analysis of Indian banks [J]. Journal of Economics and Business, 2009, 61 (6): 509–528.

[46] Delis M D, Tsionas E G. The joint estimation of bank-level market power and efficiency [J]. Journal of Banking & Finance, 2009, 33 (10): 1842–1850.

[47] DeYoung R. A diagnostic test for the distribution-free efficiency estimator: An example using US commercial bank data [J]. European Journal of Operational Research, 1997, 98 (2): 243–249.

[48] DeYoung R, Hasan I, Kirchhoff B. The impact of out-of-state entry on the cost efficiency of local commercial banks [J]. Journal of Economics and Business, 1998, 50 (2): 191–203.

[49] DeYoung R, Hasan I. The performance of de novo commercial banks: A profit efficiency approach [J]. Journal of Banking & Finance, 1998, 22 (5): 565–587.

[50] Dietsch M, Lozano-Vivas A. How the environment determines banking efficiency: A comparison between French and Spanish industries [J]. Journal of Banking & Finance, 2000, 24 (6): 985–1004.

[51] Dong Y, Hamilton R, Tippett M. Cost efficiency of the Chinese banking sector: A comparison of stochastic frontier analysis and data envelopment analysis [J]. Economic Modelling, 2014, 36: 298–308.

[52] Drake L, Hall M J B, Simper R. The impact of macroeconomic and regulatory factors on bank efficiency: A non-parametric analysis of Hong Kong's banking system [J]. Journal of Banking & Finance, 2006, 30 (5): 1443–1466.

[53] Draper D. Assessment and propagation of model uncertainty [J]. Journal of the Royal Statistical Society, Series B (Methodological), 1995, 57 (1): 45–97.

[54] Duygun M, Sena V, Shaban M. Schumpeterian competition and efficiency among commercial banks [J]. Journal of Banking & Finance, 2013, 37 (12): 5176–5185.

[55] Egger M, Smith G D, Schneider M, et al. Bias in meta-analysis detected by a simple, graphical test [J]. British Medical Journal, 1997, 315 (7109): 629–634.

[56] Evanoff D D, Israilevich P R. Regional differences in bank efficiency and technology [J].

The Annals of Regional Science, 1991, 25 (1): 41-54.

[57] Färe R, Grosskopf S, Logan J. The relative efficiency of Illinois electric utilities [J]. Resources and Energy, 1983, 5 (4): 349-367.

[58] Feng G, Zhang X. Productivity and efficiency at large and community banks in the US: A Bayesian true random effects stochastic distance frontier analysis [J]. Journal of Banking & Finance, 2012, 36 (7): 1883-1895.

[59] Feng G, Zhang X. Returns to scale at large banks in the US: A random coefficient stochastic frontier approach [J]. Journal of Banking & Finance, 2014, 39: 135-145.

[60] Fungáčová Z, Pessarossi P, Weill L. Is bank competition detrimental to efficiency? Evidence from China [J]. China Economic Review, 2013, 27: 121-134.

[61] Gaganis C, Pasiouras F. Financial supervision regimes and bank efficiency: International evidence [J]. Journal of Banking & Finance, 2013, 37 (12): 5463-5475.

[62] Granger C W J, Ramanathan R. Improved methods of combining forecasts [J]. Journal of Forecasting, 1984, 3 (2): 197-204.

[63] Greene W H. Maximum likelihood estimation of econometric frontier functions [J]. Journal of Econometrics, 1980, 13 (1): 27-56.

[64] Greene W H. A gamma-distributed stochastic frontier model [J]. Journal of Econometrics, 1990, 46 (1): 141-163.

[65] Greene W. Fixed and random effects in stochastic frontier models [J]. Journal of Productivity Analysis, 2005, 23 (1): 7-32.

[66] Greene W. Reconsidering heterogeneity in panel data estimators of the stochastic frontier model [J]. Journal of Econometrics, 2005, 126 (2): 269-303.

[67] Hahn F R. Environmental determinants of banking efficiency in Austria [J]. Empirica, 2007, 34 (3): 231-245.

[68] Halkos G E, Salamouris D S. Efficiency measurement of the Greek commercial banks with the use of financial ratios: A data envelopment analysis approach [J]. Management Accounting Research, 2004, 15 (2): 201-224.

[69] Halkos G E, Tzeremes N G. Estimating the degree of operating efficiency gains from a potential bank merger and acquisition: A DEA bootstrapped approach [J]. Journal of Banking & Finance, 2013, 37 (5): 1658-1668.

[70] Hancock D. A model of the financial firm with imperfect asset and deposit elasticities [J]. Journal of Banking & Finance, 1986, 10 (1): 37-54.

[71] Hansen B E. Least squares model averaging [J]. Econometrica, 2007, 75 (4): 1175-1189.

[72] Hansen B E. Least-squares forecast averaging [J]. Journal of Econometrics, 2008, 146 (2): 342-350.

[73] Hansen B E. Averaging estimators for autoregressions with a near unit root [J]. Journal of Econometrics, 2010, 158 (1): 142-155.

[74] Hansen B E, Racine J S. Jackknife model averaging [J]. Journal of Econometrics, 2012, 167 (1): 38-46.

[75] Hansen B E. Model averaging, asymptotic risk, and regressor groups [J]. Forthcoming Quantitative Economics, 2013.

[76] Harris O, Huerta D, Ngo T. The impact of TARP on bank efficiency [J]. Journal of International Financial Markets, Institutions and Money, 2013, 24: 85-104.

[77] Havrylchyk O. Efficiency of the Polish banking industry: Foreign versus domestic banks [J]. Journal of Banking & Finance, 2006, 30 (7): 1975-1996.

[78] Hendry D F, Clements M P. Pooling of forecasts [J]. The Econometrics Journal, 2004, 7 (1): 1-31.

[79] Hoeting J A, Madigan D, Raftery A E, et al. Bayesian model averaging: A tutorial [J]. Statistical Science, 1999, 14 (4): 382-401.

[80] Higgins J, Thompson S G. Quantifying heterogeneity in a meta-analysis [J]. Statistics in Medicine, 2002, 21 (11): 1539-1558.

[81] Higgins J, Thompson S G, Deeks J J, et al. Measuring inconsistency in meta-analyses [J]. British Medical Journal, 2003, 327 (7414): 557-560.

[82] Holod D, Lewis H F. Resolving the deposit dilemma: A new DEA bank efficiency model [J]. Journal of Banking & Finance, 2011, 35 (11): 2801-2810.

[83] Hjort N L, Claeskens G. Frequentist model average estimators [J]. Journal of the American Statistical Association, 2003, 98 (464): 879-899.

[84] Huang M Y, Fu T T. An examination of the cost efficiency of banks in Taiwan and China using the metafrontier cost function [J]. Journal of Productivity Analysis, 2013, 40 (3): 387-406.

[85] Humphrey D B, Pulley L B. Banks' responses to deregulation: Profits, technology, and efficiency [J]. Journal of Money, Credit, and Banking, 1997: 73-93.

[86] Hurvich C M, Tsai C L. Regression and time series model selection in small samples [J]. Biometrika, 1989, 76 (2): 297-307.

[87] Isik I. Productivity, technology and efficiency of de novo banks: A counter evidence from Turkey [J]. Journal of Multinational Financial Management, 2008, 18 (5): 427-442.

[88] Jiang C, Yao S, Zhang Z. The effects of governance changes on bank efficiency in China: A stochastic distance function approach [J]. China Economic Review, 2009, 20 (4): 717-731.

[89] Jondrow J, Knox Lovell C A, Materov I S, et al. On the estimation of technical inefficiency

in the stochastic frontier production function model [J]. Journal of Econometrics, 1982, 19 (2): 233-238.

[90] Kao C, Liu S T. Multi-period efficiency measurement in data envelopment analysis: The case of Taiwanese commercial banks [J]. Omega, 2014, 47: 90-98.

[91] Kumbhakar S C. Production frontiers, panel data, and time-varying technical inefficiency [J]. Journal of Econometrics, 1990, 46 (1): 201-211.

[92] Kumbhakar S C, Heshmati A. Efficiency measurement in Swedish dairy farms: An application of rotating panel data, 1976-1988 [J]. American Journal of Agricultural Economics, 1995, 77 (3): 660-674.

[93] Kumbhakar S C, Hjalmarsson L. Technical Efficiency and Technical Progress in Swedish Dairy Farms [M]. In H. Fried, K. Lovell and S. Schmidt (eds.), The Measurement of Productive Efficiency: Techniques and Applications. New York: Oxford University Press, 1993.

[94] Kwan S, Eisenbeis R A. Bank risk, capitalization, and operating efficiency [J]. Journal of Financial Services Research, 1997, 12 (2-3): 117-131.

[95] Kyj L, Isik I. Bank x-efficiency in Ukraine: An analysis of service characteristics and ownership [J]. Journal of Economics and Business, 2008, 60 (4): 369-393.

[96] Leamer E E. Specification Searches [M]. Wiley, New York, 1978, 114-116.

[97] Lee T H, Chih S H. Does financial regulation affect the profit efficiency and risk of banks? Evidence from China's commercial banks [J]. The North American Journal of Economics and Finance, 2013, 26: 705-724.

[98] Lee L F, Griffiths W E. The prior likelihood and best linear unbiased prediction in stochastic coefficient linear models [M]. Armidale: University of New England, 1979.

[99] Lee Y H, Schmidt P. A production frontier model with flexible temporal variation in technical efficiency [Z]. The measurement of productive efficiency: Techniques and applications, 1993: 237-255.

[100] Lensink R, Meesters A, Naaborg I. Bank efficiency and foreign ownership: Do good institutions matter? [J]. Journal of Banking & Finance, 2008, 32 (5): 834-844.

[101] Liadaki A, Gaganis C. Efficiency and stock performance of EU banks: Is there a relationship? [J]. Omega, 2010, 38 (5): 254-259.

[102] Liu Q, Okui R. Heteroscedasticity-robust CP model averaging [J]. The Econometrics Journal, 2013, 16 (3): 463-472.

[103] Liu Q, Okui R, Yoshimura A. Generalized Least Squares Model Averaging [J]. Econometric Reviews, 2015.

[104] Lozano-Vivas A, Pasiouras F. The impact of non-traditional activities on the estimation of

bank efficiency: International evidence [J]. Journal of Banking & Finance, 2010, 34 (7): 1436-1449.

[105] Lozano-Vivas A, Pastor J T, Pastor J M. An efficiency comparison of European banking systems operating under different environmental conditions [J]. Journal of Productivity Analysis, 2002, 18 (1): 59-77.

[106] Luo X. Evaluating the profitability and marketability efficiency of large banks: An application of data envelopment analysis [J]. Journal of Business Research, 2003, 56 (8): 627-635.

[107] Manlagñit M C V. Cost efficiency, determinants, and risk preferences in banking: A case of stochastic frontier analysis in the Philippines [J]. Journal of Asian Economics, 2011, 22 (1): 23-35.

[108] Maudos J, Pastor J M, Perez F, et al. Cost and profit efficiency in European banks [J]. Journal of International Financial Markets, Institutions and Money, 2002, 12 (1): 33-58.

[109] Meeusen W, Van den Broeck J. Efficiency estimation from Cobb-Douglas production functions with composed error [J]. International Economic Review, 1977: 435-444.

[110] Mester L J. A study of bank efficiency taking into account risk-preferences [J]. Journal of Banking & Finance, 1996, 20 (6): 1025-1045.

[111] Mester L J. Measuring efficiency at US banks: Accounting for heterogeneity is important [J]. European Journal of Operational Research, 1997, 98 (2): 230-242.

[112] Miller S M, Noulas A G. The technical efficiency of large bank production [J]. Journal of Banking & Finance, 1996, 20 (3): 495-509.

[113] Mohanty S K, Lin W T, Lin H J. Measuring cost efficiency in presence of heteroskedasticity: The case of the banking industry in Taiwan [J]. Journal of International Financial Markets, Institutions and Money, 2013, 26: 77-90.

[114] Pasiouras F. Estimating the technical and scale efficiency of Greek commercial banks: The impact of credit risk, off-balance sheet activities, and international operations [J]. Research in International Business and Finance, 2008, 22 (3): 301-318.

[115] Pasiouras F, Tanna S, Zopounidis C. The impact of banking regulations on banks' cost and profit efficiency: Cross-country evidence [J]. International Review of Financial Analysis, 2009, 18 (5): 294-302.

[116] Poghosyan T, Kumbhakar S C. Heterogeneity of technological regimes and banking efficiency in former socialist economies [J]. Journal of Productivity Analysis, 2010, 33 (1): 19-31.

[117] Portela M C A S, Thanassoulis E. Comparative efficiency analysis of Portuguese bank branches [J]. European Journal of Operational Research, 2007, 177 (2): 1275-1288.

[118] Raftery A E, Madigan D, Hoeting J A. Bayesian model averaging for linear regression models [J]. Journal of the American Statistical Association, 1997, 92 (437): 179-191.

[119] Resti A. Evaluating the cost-efficiency of the Italian banking system: What can be learned from the joint application of parametric and non-parametric techniques [J]. Journal of Banking & Finance, 1997, 21 (2): 221-250.

[120] Rezitis A N. Efficiency and productivity effects of bank mergers: Evidence from the Greek banking industry [J]. Economic Modelling, 2008, 25 (2): 236-254.

[121] Ritter C, Simar L. Pitfalls of normal-gamma stochastic frontier models [J]. Journal of Productivity Analysis, 1997, 8 (2): 167-182.

[122] Rogers K E. Nontraditional activities and the efficiency of US commercial banks [J]. Journal of Banking & Finance, 1998, 22 (4): 467-482.

[123] Rossi S P S, Schwaiger M S, Winkler G. How loan portfolio diversification affects risk, efficiency and capitalization: A managerial behavior model for Austrian banks [J]. Journal of Banking & Finance, 2009, 33 (12): 2218-2226.

[124] Schure P, Wagenvoort R, O'Brien D. The efficiency and the conduct of European banks: Developments after 1992 [J]. Review of Financial Economics, 2004, 13 (4): 371-396.

[125] Stanley T D, Jarrell S B. Meta-Regression analysis: A quantitative method of literature surveys [J]. Journal of Economic Surveys, 1989, 3 (2): 161-170.

[126] Stevenson R E. Likelihood functions for generalized stochastic frontier estimation [J]. Journal of Econometrics, 1980, 13 (1): 57-66.

[127] Stock J H, Watson M W. Combination forecasts of output growth in a seven-country data set [J]. Journal of Forecasting, 2004, 23 (6): 405-430.

[128] Sturm J E, Williams B. Foreign bank entry, deregulation and bank efficiency: Lessons from the Australian experience [J]. Journal of Banking & Finance, 2004, 28 (7): 1775-1799.

[129] Sturm J E, Williams B. Characteristics determining the efficiency of foreign banks in Australia [J]. Journal of Banking & Finance, 2008, 32 (11): 2346-2360.

[130] Sufian F, Habibullah M S. Globalization and bank efficiency nexus: Symbiosis or parasites? [J]. Review of Development Finance, 2012, 2 (3): 139-155.

[131] Sun L, Chang T P. A comprehensive analysis of the effects of risk measures on bank efficiency: Evidence from emerging Asian countries [J]. Journal of Banking & Finance, 2011, 35 (7): 1727-1735.

[132] Tabak B M, Miranda R B, Fazio D M. A geographically weighted approach to measuring efficiency in panel data: The case of US saving banks [J]. Journal of Banking & Finance, 2013, 37 (10): 3747-3756.

[133] Tan Y, Floros C. Risk, capital and efficiency in Chinese banking [J]. Journal of International Financial Markets, Institutions and Money, 2013, 26: 378-393.

[134] Taub A J. Prediction in the context of the variance-components model [J]. Journal of Econometrics, 1979, 10 (1): 103-107.

[135] Tecles P L, Tabak B M. Determinants of bank efficiency: The case of Brazil [J]. European Journal of Operational Research, 2010, 207 (3): 1587-1598.

[136] Thoraneenitiyan N, Avkiran N K. Measuring the impact of restructuring and country-specific factors on the efficiency of post-crisis East Asian banking systems: Integrating DEA with SFA [J]. Socio-Economic Planning Sciences, 2009, 43 (4): 240-252.

[137] Tian X, Yu X. The Enigmas of TFP in China: A meta-analysis [J]. China Economic Review, 2012, 23 (2): 396-414.

[138] Timmermann A. Forecast combinations [J]. Handbook of Economic Forecasting, 2006, 1: 135-196.

[139] Tortosa-Ausina E. Nontraditional activities and bank efficiency revisited: A distributional analysis for Spanish financial institutions [J]. Journal of Economics and Business, 2003, 55 (4): 371-395.

[140] Wan A T K, Zhang X, Zou G. Least squares model averaging by Mallows criterion [J]. Journal of Econometrics, 2010, 156 (2): 277-283.

[141] Wang K, Huang W, Wu J, et al. Efficiency measures of the Chinese commercial banking system using an additive two-stage DEA [J]. Omega, 2014, 44: 5-20.

[142] Weill L. Measuring cost efficiency in European banking: A comparison of frontier techniques [J]. Journal of Productivity Analysis, 2004, 21 (2): 133-152.

[143] Williams J. Efficiency and market power in Latin American banking [J]. Journal of Financial Stability, 2012, 8 (4): 263-276.

[144] Yin H, Yang J, Mehran J. An empirical study of bank efficiency in China after WTO accession [J]. Global Finance Journal, 2013, 24 (2): 153-170.

[145] Zago A, Dongili P. Credit quality and technical efficiency in banking [J]. Empirical Economics, 2011, 40 (2): 537-558.

[146] Zhang J, Jiang C, Qu B, et al. Market concentration, risk-taking, and bank performance: Evidence from emerging economies [J]. International Review of Financial Analysis, 2013, 30: 149-157.

[147] Zhang J, Wang P, Qu B. Bank risk taking, efficiency, and law enforcement: Evidence from Chinese city commercial banks [J]. China Economic Review, 2012, 23 (2): 284-295.

[148] 陈福生,李婉丽. 外资银行进入对我国银行业效率的影响——基于商行 2004~2010 年面板数据的经验证据 [J]. 投资研究, 2012 (11): 61-75.

[149] 陈玉罡,孙振东,刘静攀. 境外战略投资者对商业银行效率与治理影响的实证研究 [J]. 软科学, 2011, 25 (6): 92-96.

[150] 程茂勇. 非利息业务与银行效率研究: 来自中国银行业的实证证据 [J]. 当代经济科学, 2015 (4): 49-59.

[151] 迟国泰,芦丹,孙秀峰. 基于城市差异系数的城市商业银行效率评价模型及实证研究 [J]. 管理工程学报, 2007 (3): 29-34.

[152] 迟国泰,孙秀峰,芦丹. 中国商业银行成本效率实证研究 [J]. 经济研究, 2005 (6): 104-114.

[153] 迟国泰,杨德,吴珊珊. 基于 DEA 方法的中国商业银行综合效率的研究 [J]. 中国管理科学, 2006, 14 (5): 52-61.

[154] 方春阳,孙巍,王铮,等. 国有商业银行的效率测度及其行为特征的实证检验 [J]. 数量经济技术经济研究, 2004, 7: 51-58.

[155] 甘小丰. 中国商业银行效率的 SBM 分析——控制宏观和所有权因素 [J]. 金融研究, 2007 (10): 58-69.

[156] 顾洪梅,刘金全. 基于 SFA 模型对我国商业银行经济效率的测度与研究 [J]. 经济经纬, 2009 (1): 128-131.

[157] 郭梅亮. 中国国有银行改革进程中的效率变迁: 金融功能视角 [J]. 金融监管研究, 2013 (3): 13-32.

[158] 郭妍. 我国商业银行效率决定因素的理论探讨与实证检验 [J]. 金融研究, 2005 (2): 115-123.

[159] 何蛟,傅强,潘璐. 股权结构改革对我国商业银行效率的影响 [J]. 财经科学, 2010 (7): 39-46.

[160] 侯晓辉,张国平. 所有权、战略引资与中国商业银行的效率 [J]. 世界经济, 2008 (5): 81-96.

[161] 黄隽,汤珂. 商业银行竞争、效率及其关系研究 [J]. 中国社会科学, 2008 (1): 69-86.

[162] 黄宪,余丹,杨柳. 我国商业银行 X 效率研究——基于 DEA 三阶段模型的实证分析 [J]. 数量经济技术经济研究, 2008, 25 (7): 80-91.

[163] 纪建悦,于富洋. 基于 SBM 模型的我国上市商业银行效率评价研究 [J]. 金融理论与教学, 2012 (4): 1-3.

[164] 焦建东. 我国银行业效率与外资银行进入程度关系研究——基于面板单位根、面板协整方法 [J]. 山西财经大学学报, 2008, 30 (7): 86-92.

[165] 李百吉. 我国商业银行结构、效率与绩效关系研究 [J]. 中央财经大学学报, 2008

(11)：32-37.

[166] 李伟. 外资银行进入对中国商业银行效率的影响 [J]. 金融监管研究，2012（3）：54-63.

[167] 李希义. 我国股份制商业银行对国有商业银行示范效应的定量分析 [J]. 金融理论与实践，2009（12）：13-17.

[168] 李晓峰，王维，严佳佳. 外资银行进入对我国银行效率影响的实证分析 [J]. 财经科学，2006（8）：16-23.

[169] 刘志新，刘琛. 基于DFA的中国商业银行效率研究 [J]. 数量经济技术经济研究，2004（4）：42-45.

[170] 刘琛，宋蔚兰. 基于SFA的中国商业银行效率研究 [J]. 金融研究，2004（6）：138-142.

[171] 刘澜飚，王博. 门槛效应、管制放松与银行效率的改进——理论假说及其来自中国的经验研究 [J]. 金融研究，2010（3）：67-79.

[172] 芦锋，刘维奇，史金凤. 我国商业银行效率研究——基于储蓄新视角下的网络DEA方法 [J]. 中国软科学，2012，2：174-184.

[173] 吕品，文英. 基于SFA模型的我国商业银行成本效率的测度 [J]. 产经评论，2010（5）：136-143.

[174] 庞瑞芝. 我国商业银行的效率现状及生产率变动分析 [J]. 金融论坛，2006，11（5）：10-14.

[175] 齐树天. 商业银行绩效、效率与市场结构——基于中国1994～2005年的面板数据 [J]. 国际金融研究，2008（3）：48-56.

[176] 齐树天，边卫红，韦艳华. 商业银行效率演进趋势及结构特征透析 [J]. 中央财经大学学报，2008（8）：23-29.

[177] 邱兆祥，张磊. 经过风险调整的商业银行利润效率评价研究——基于随机利润边界方法 [J]. 金融研究，2007（03A）：98-111.

[178] 邱兆祥，张爱武. 基于FDH方法的中国商业银行X-效率研究 [J]. 金融研究，2009（11）：91-102.

[179] 石晓军，喻珊. 我国商业银行效率估计不一致检验与实证 [J]. 金融研究，2007（09A）：113-128.

[180] 邵汉华，杨俊，廖尝君. 中国银行业的竞争度与效率——基于102家商业银行的实证分析 [J]. 金融论坛，2014（10）：47-55.

[181] 邵汉华. 银行监管降低了银行效率吗？[J]. 金融经济学研究，2016（4）：36-46.

[182] 孙兆斌，方先明. 外资银行进入能促进中国银行业效率的提高吗？[J]. 当代财经，2007（10）：56-62.

[183] 谭政勋. 我国商业银行效率的影响因素：产权制度还是市场结构 [J]. 当代财经，

2006 (11): 22-27.

[184] 谭政勋, 庚明轩. 不良贷款、资本充足率与商业银行效率 [J]. 金融论坛, 2016 (10): 40-50.

[185] 唐壮志. 我国商业银行风险与效率研究——基于因子分析法的指标选取 [J]. 现代商贸工业, 2009, 21 (6): 162-164.

[186] 王雅杰, 惠晓峰, 郜中华. 人民币实际汇率失调程度的 META 方法分析 [J]. 数理统计与管理, 2013 (1): 7-17.

[187] 王健, 金浩, 梁慧超. 我国商业银行效率分析——基于超效率 DEA 和 Malmquist 指数 [J]. 技术经济与管理研究, 2011 (4): 124-127.

[188] 王聪, 谭政勋. 我国商业银行效率结构研究 [J]. 经济研究, 2007 (7): 110-123.

[189] 王兵, 朱宁. 不良贷款约束下的中国上市商业银行效率和全要素生产率研究——基于 SBM 方向性距离函数的实证分析 [J]. 金融研究, 2011 (1): 110-130.

[190] 王聪, 邹朋飞. 基于资本结构和风险考虑的中国商业银行 X-效率研究 [J]. 管理世界, 2007 (11): 6-12.

[191] 王万珺. 外商直接投资对中国的溢出效应: 基于 Meta 回归分析方法的再分析 [J]. 经济评论, 2010 (1): 133-139.

[192] 魏煜, 王丽. 中国商业银行效率研究: 一种非参数的分析 [J]. 金融研究, 2000 (3): 88-96.

[193] 魏琪, 傅强, 林荫华. 审慎性监管有助于改善银行效率吗?——基于门限模型的实证研究 [J]. 经济科学, 2014 (3): 85-96.

[194] 谢朝华, 段军山. 基于 DEA 方法的我国商业银行 X-效率研究 [J]. 中国管理科学, 2005, 13 (4): 120-128.

[195] 谢升峰, 李慧珍. 外资银行进入对我国银行业效率的影响——基于数据包络分析 (DEA) 的实证研究 [J]. 经济管理, 2011 (4): 131-135.

[196] 徐辉, 李健, 钟惠波. 银行效率与不良贷款冲击效应的实证研究——基于 SFA 测度分析的应用 [J]. 金融评论, 2012 (3): 29-40.

[197] 徐宏毅, 蔡萌, 赵迎红. 基于元回归分析的外商直接投资对中国生产率溢出效应的实证研究 [J]. 经济评论, 2012 (6): 84-91.

[198] 徐传谌, 齐树天. 中国商业银行 X-效率实证研究 [J]. 经济研究, 2007, 42 (3): 106-116.

[199] 徐立平, 时萌. 外资银行进入对我国银行业效率影响的实证研究 [J]. 北京工商大学学报 (社会科学版), 2009 (6): 51-58.

[200] 许晓雯, 时鹏将. 基于 DEA 和 SFA 的我国商业银行效率研究 [J]. 数理统计与管理, 2006 (1): 68-72.

[201] 杨德勇, 曹永霞. 中国商业银行技术效率状况分析 [J]. 财经科学, 2008 (8):

18-25.

[202] 杨德,迟国泰,孙秀峰. 中国商业银行效率研究[J]. 系统工程理论方法应用,2005,14(3):252-258.

[203] 杨鹏鹏,袁治平,倪海江. 中国商业银行不良贷款与效率的因果检验[J]. 西安交通大学学报(社会科学版),2008,28(4):30-34.

[204] 杨大强. 中国商业银行的效率分析——基于广义超对数成本函数的范围经济检验[J]. 金融发展研究,2008(3):18-21.

[205] 杨大强,张爱武. 1996~2005年中国商业银行的效率评价——基于成本效率和利润效率的实证分析[J]. 金融研究,2007(12A):102-112.

[206] 叶欣. 外资银行进入对中国银行业效率影响的实证研究[J]. 财经问题研究,2006(2):61-66.

[207] 张进铭,廖鹏,谢娟娟. 不良贷款约束下的我国商业银行效率分析[J]. 江西财经大学学报,2012(4):44-49.

[208] 张建华. 我国商业银行效率研究的DEA方法及1997-2001年效率的实证分析[J]. 金融研究,2003(3):11-25.

[209] 张健华. 我国商业银行的X效率分析[J]. 金融研究,2003(6):46-57.

[210] 张金清,吴有红. 外资银行进入水平影响商业银行效率的"阈值效应"分析——来自中国商业银行的经验证据[J]. 金融研究,2010(6):60-74.

[211] 张中元,赵国庆. 方法异质性与结构异质性会影响FDI溢出效应的结论吗?——基于Meta回归的再分析[J]. 金融评论,2012(6):34-45.

[212] 赵振全,赵石磊,王佐理. 参数法下中国商业银行成本X效率实证研究[J]. 吉林大学社会科学学报,2008,48(4):91-97.

[213] 郑录军,曹廷求. 我国商业银行效率及其影响因素的实证分析[J]. 金融研究,2005(1):91-101.

[214] 周逢民,张会元,周海,孙佰清. 基于两阶段关联DEA模型的我国商业银行效率评价[J]. 金融研究,2011(11):169-179.

[215] 周小燕. 我国商业银行市场结构与银行效率的相关性分析——基于SCP理论的研究[J]. 世界经济情况,2007(7):23-26.

[216] 朱南,卓贤,董屹. 关于我国国有商业银行效率的实证分析与改革策略[J]. 管理世界,2004(2):18-26.

后　记

　　本书是在笔者博士论文的基础上修改而成的。读书期间，笔者一直在思考事物的本质是什么？为什么存在诸多模型可以对同一问题进行分析？那么诸多模型中又有哪一个才能真正刻画事物的本质？在选取模型时我们又是否能够做到真正意义上的客观性？如果不能保持客观性，那么我们对事物的分析又能说明什么问题？实际上，每个模型仅是从某一个角度对事物进行分析，这种分析具有片面性，不能代表事物的整体，而且我们在选取模型时往往带有主观性，很难做到真正客观地研究事物，因此我们得到的结论很可能是有偏的。一开始我们对同一事物的分析只能做到有限认知，但随着对事物认知的不断深入，所得结论也会不断趋近于事物的本质，最终达到对事物的无偏认知，而我们正处于这种无限趋近的过程中。笔者通过对模型平均法的学习认识到，相较于单一模型，模型平均法综合考虑了不同模型的特点，能够更为全面地对事物进行分析，虽然模型平均法不能告诉我们事物的本质是什么，但能够降低模型选择不确定性所带来的风险，对事物的分析更具客观性，使我们所理解的事物的本质也向前稍稍迈进了一小步。本书将模型平均法应用到银行效率的研究之中，是对银行效率研究领域的有益尝试及补充，对于本书中存在的不足与纰漏之处，欢迎读者批评指正。

　　在本书的写作阶段，从题目的选取到研究思路的设计，再到本书的修改和定稿，导师赵国庆教授都给予了我莫大的帮助，在与导师相处期间，导师对学术的严谨、对工作的认真负责以及对学生的关怀让我倍感敬佩，在此对导师表示衷心的感谢。同时也要感谢张培丽老师对本书提供的指导和修改意见，每次跟张老师的沟通与交流都使我获益匪浅，这也使本书能够不断得以完善。

　　这里还要感谢我的父母，谢谢你们对我的支持和鼓励。同时，感谢我的同门同学张中元、范红岗、李本钊、邝明源、惠炜及文韬在计量经济学方面的探讨，使我获取方法上的灵感；感谢我的博士同学钱东平、刘博、贾鼎、姜文、刘立金、俞剑、黄国宾、任继球、何召鹏、李长银、张喆、刘敏、郑悦等,感谢你们陪我度过博士生涯,使我的博士生活多姿多彩。

最后,要特别感谢经济管理出版社的编辑,本书的顺利出版与他们的工作密不可分。

邬 琼

2017年8月